HOW TO LIVE ON 24 HOURS A DAY

自分の時間

アーノルド・ベネット

渡部昇一
訳・解説

三笠書房

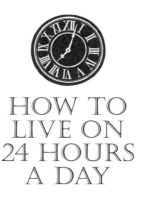

訳者序文

いつの時代にも活用できる知恵
世界中の一流人が刺激を受けた、幸福に生きる「時間術」

渡部昇一

アーノルド・ベネットの数ある著書の中でも、世界中で最も読まれる本となったのが、この『自分の時間』である。

「時間」について書かれた実用書で、これほど世界中の一流人たちに支持された本はないかもしれない。

ベネットはこの本で、「人間というものは、貧乏人でも金持ちでも、とにかく1日24時間しかない」という明々白々なことに目を向け、その24時間でいかに生きるかということに対する具体的なヒントを提供している。

20世紀初めに生きた多くの人たちはこの指摘に心を動かされ、本書を人生のバイブルとして愛読した。そして21世紀になった現在も本書は読みつがれ、今も多くの人間に影響を与えつづけているのだ。

著者のベネットについては、後ろの「訳者解説」で少し詳しく述べるが、彼は20世紀最大のイギリスを代表する小説家である。主な作品に『文学趣味』や『二人の女の物語』などがあるほか、本書のような自己啓発書も多数発表した、多作の作家として知られている。

この『自分の時間』は、1908年に発行されたともいわれているし、1912年、あるいは1920年と記述されることもある。

おそらく1908年に出たのは、友人ウィルフリッド・ウィテンの編集する自己啓発雑誌（*T. P.'s Weekly*）に掲載された記事ではないかと思われる。また1912年といわれるのは、ホダー&スタウトン社から出た初版。1920年というのは、のちにワールズ・ワークという出版社から再版された時の初版ではないかと推定される。

つまり本書は、1908年に雑誌の中で紹介され、多くの読者をつかんだことにより、その後2度にわたって出版されることになったわけだ。

ベネットの『自分の時間』を私が最初に読んだのは、手もとの原書の巻末に書き残してあるメモによると、「1958年9月19日、オックスフォードで」とのことである。

今でも記憶にあるのだが、そのころの週末にオックスフォードからロンドンに出かけて行って本屋に寄ったら、たまたま平積みで並んでいたこの本を見つけて買った。14ポイントという大きな活字で、しかもゆったりと組んであって100ページ弱、ひと晩もかからないで読み終えることができた。

そして、すぐ読めたにもかかわらず、「読んでよかった」という記憶は、後々まで残った。人生を通じ、その後も何度か通読してきた本である。

本書を改めて読み返してみたところ、ここに述べられてある思想を、私はいつのまにか自身の意見だと思い込んでいたことに気づき、びっくりする。

たとえば、本書第8章にある「1日24時間を生きるにあたっては〝内省的な気分〟(reflective mood)をもつことがきわめて重要である」とか、あるいは「自分の習慣を変えるには、全部変えようなどという大きなことをしなくても、1週間に7時間か

8時間変えればよい。すなわち、1日に割れば1時間くらい変えることによって大きな変化が起きる」といった思想は、ベネットから私が学んでいたとは知らずに、自著に書いていたことに気づいて驚いている。

『自分の時間』は分量の少ない本ではあるけれど、ここで述べられている知恵は、振り返ってみると私の人生に大きな影響を与えてきた。

それは時間の使い方ばかりではない。たとえば、「華々しく失敗するほうがつまらない成功をおさめるよりはましだ」というような考え方に彼は反対だと言って、「つまらない成功でも大いに結構だ」という立場をとっている。華々しかろうが何だろうが、失敗からは何も生まれないが、些細な成功は決して些細でない成功を生みだすかもしれない、というのだ。

この言葉は自分の生活パターンやライフ・スタイルを改善しようと試みる人間にとって、かみしめて味わうべき言葉である。本書『自分の時間』はそんな知恵にあふれているのだ。

確かに本書には、最も多産な、しかも最も質の高いものを書きつづけた作家が、コーヒーなどを飲みながら、気安くそのやり方を語っているといった感じもある。しかし本書を読む人は、そこにすぐにでも自分の生活や生き方の一部を変えるヒント、あるいは勇気、あるいは刺激を受けるのではなかろうかと思われる。

現代は20世紀初頭とはがらりと世の中が変わり、ベネットの本も「古典」という部類に入っている。ＩＴ化が進み、誰もがスマホ（スマートフォン）で瞬時に情報をやりとりしている世の中で、時間についての認識も当時とは大きく変わったと言えるだろう。

しかしそのぶん、現代人は過去のロンドン人以上に「やらなければならない」と思っていることに追われ、ベネットが提示している「自分のための時間」をますますもてていないのが現実である。今こそ、本書で述べられている古くても新しい時間活用術は、大勢の人に活用されるべきであろう。

Contents

第2章

もっと知的好奇心に満ちた生活をつくろう！

第3章

1日24時間の枠を最大限に生かすには？

第4章

自分の精神・肉体を養うための「内なる1日」

第5章 週3回の夜90分が、あなたの心を豊かにする

第6章 「情熱と活気に満ちた1週間」をつくる秘訣

第7章 思考を集中するひとときをもつ

訳者解説　渡部昇一

まえがき

大切な「あなただけの時間」をどうやってつくりだすか？

時間は無限の富を生む、実に不思議な宝物！

「まえがき」というものは、どんな本でも普通は巻頭におくものであり、本書も約束事としてそのような順序で書いている。

ただ、本書のこのまえがきに関していえば、あなたがこの本を読み終えたあと、できればもう一度だけ、読み返してほしいのである。それには理由がある。

本書の初版を書いた時から、これまで大勢の方々からお便りを頂戴してきた。新聞、雑誌等でも多くのご批評を受けた。その中には本書と同じくらいの長文のご指摘もあった。それでも幸いなことに、悪意のこもった非難にはあまりお目にかかっていない。もっとも、調子が軽薄だと非難する向きもないではなかった。その点に関しては、私としては少しもそう思っていないので、まったく意に介していない。

しかし中には、やはり一考に値するようなものも多くあった。こうした批判がまったくなかったとしたら、私としても、あやうく本書を完全無欠（！）のものと信じ込んでしまうところだった。

ありがたかったのは新聞や雑誌の紙上でなく、お手紙でいろいろな方々から忌憚《きたん》のない考慮すべきご指摘を頂戴したことだ。それらのご批判に対しては、ここでお答えしておかなければならないと思う。

とくにご批判をいただいた箇所は、たとえば本書の中のこんな一節である。

「特別な人間でもない限り、普通は自分の仕事に対してあまり情熱を燃やしていない。あるいは、よくても『嫌いではない』といった程度である。なかなか仕事にとりかかろうとせず、始める時は不承不承の体《てい》である。そして、終業時間のくるのを今か今かと首を長くして楽しみに待っている。仕事に全力投球するなどということはまずない」――。

決まった仕事以外に何かやりたくてうずうずしている人へ

実は私だって、世の中には職業としての仕事を楽しんでいる方々も少なからずいらっしゃるとは思っているのだ。

仕事を怠けない人、できるだけ遅く出勤し、できるだけ早く退社するなどということをしない人。要するに、日々の仕事に全力をあげて取り組み、終わった時にはぐったり疲れ果てているといった人、こういう人も大勢いらっしゃると思う。

しかも、こういう方たちは、必ずしも地位の高い、あるいは前途有望な人ばかりではなく、地味な下積みの人々の中にもいらっしゃるだろう。

これを信じることにはいささかの抵抗もない。事実、信じているし、真実であることも知っている。

かくいう私だって、ロンドンでも地方でも、長い間下積み生活を余儀なくされてきたのだ。同僚の中にも仕事をこよなく愛し、「仕事をしている時が、何にもまして充実した時間である」という者がいることも知っていた。

ただ、これらの幸運で幸せな人々（おそらく自分では、それほど幸せとは思っていないだろうが）は、昔も今も多数派ではない。実際、そういう人は「ほんのひと握りの人々でしかない」という私の確信は、多くの指摘を受けたあとでも、まったく変わっていない。

ごく普通に会社勤めをしている人のうち、大多数の人間が志《こころざし》高く理想を抱いていたとしても、充実した時間を過ごしているというわけではない。充実した1日を過ごし、「夜帰宅するころには、仕事で精根尽き果てている」などということはあり得ないと、私は相変わらず信じているのだ。

彼らは生活費を稼ぐために力の限り働くというわけではなく、自分の良心が痛まない範囲での最小限度の努力しかしない。また、自分の職業をおもしろいと思っているというよりは、うんざりしていることが多い。

とはいえ、たとえ少数派であっても、充実した1日を過ごせる人々の存在は充分注目に値すると思うし、彼らをまったく考慮の外に置くなどということはすべきではなかったと思う。

仕事に全力を傾けている少数の人々も、いろいろな問題を抱えているものだ。ある読者は私宛ての手紙の中で、それは要するに次のことだと、簡明率直に述べてくださった。

「私も他人と同様、毎日の決まった仕事以外に何かをやりたくてうずうずしているのです。ただし申し上げておきたいのは、仕事が終わって帰宅するころには、貴兄がご想像なさっておられるような元気はもう残っておらず、疲労困憊《こんぱい》しているようなありさまだということです」

自分の仕事を愛し情熱を傾けて働いている少数の人々は、熱意もなく無気力に勤務時間を過ごしている大多数の人々に比べれば幸せである。だから、そんな人々に対しては「何もそれほど嘆き悲しむことはない」と、私は申し上げたい。

つまり、このような人々は、「いかに生きるべきか」といった助言をそれほど必要としていないということになる。

このような人たちは、ともかくも毎日の勤務時間、たとえば8時間なら8時間を本当に充実して生きているのであり、その間は仕事に全力投球している。

1日の残りの8時間はうまく活用されていなかったり、無駄に浪費されていることもあるかもしれないが、1日のうち16時間を浪費するよりは8時間のほうがまだましというものだ。充実した時間がまったくないよりは、少しでもあったほうが幸せだろう。

本当に悲しむべき哀れな人というのは、職場でもそれ以外のところでも、やる気の起きない人である。当初私は、本書を必要とするのは、そういう人たちだとばかり思っていた。

ただ、それは間違いだったのだ。

おそらく「多少は充実した時間をもっている、少しは幸せな人」は、こう言うだろう。

「なるほど、そうした本当に悲しむべき人たちに比べれば、私の毎日の決まった仕事は私に多少の充実した時間を与えてくれているかもしれない。けれども、私は今以上に何かをやる時間をつくり、毎日をもっともっと充実させたいのだ。とはいえ、今は1日の仕事が終わったあとで、さらに次の日の仕事までやるなんてことはとてもできない」

朝の1時間は夜の2時間以上の価値がある

筆者である私は、前もって見抜くべきだったのである、本書の読者は、まったくやる気のない人たちなどではない。「いかに人生を生きるべきかということに関心をもっている人たち」にこそ、最も強く訴えかけるべきであった、と。**人生にさらに多くを求めるのは常に、人生をすでに味わっている人たちである。**そして目を覚まさせるのに一番苦労するのは、決してベッドから出ようとしない人たちなのだ。

ならば少数派の皆さんに、私は申し上げよう。皆さんは日々の糧を稼ぐことに全力を傾注しておられるわけだから、これから私が申し上げる提案を、ことごとく実行するなどということはできないかもしれない。けれども、中には実行できるものがたくさんあるだろう。

夜、会社から帰宅するまでの時間を有効に活用しろといっても、それは無理かもしれない。しかし、たとえば朝の通勤時間に関する私の提案などは、他の人たち同様、皆さんにも少なからず実行できるのではないだろうか。

そして、週末の土曜から日曜にかけての時間は、これも他の人同様、あなた自身が自由に使える時間である。

少しばかり疲れがたまっていて、全精力を注ぎ込むことはできないかもしれない。それでも週に3晩かその程度は、充分に時間がとれるだろう。

こう言うと、

「昼間の仕事でぐったり疲れているのに、夜にさらに何かをやるなんてとんでもない」

と、にべもなくおっしゃるかもしれない。

それなら私もきっぱりと言おう。

「日常の仕事でそんなに疲れるなら、それはあなたの生活のバランスが悪いのであって、是正すべきだ」

人間の精力は、日常の仕事にすべてを吸いとられてしまってはならないのである。


では、どうすべきか?

はっきりしているのは、頭を働かせて、何とかあなたの情熱を日常の仕事だけですべてを使いきってしまわないようにすることだ。**あなたのエンジンを日常の仕事に使う前に（あとではない！）、まずそれ以外の何かに使うのだ。**

簡単に言えば、「朝早く起きる」ということである。

「それは無理だ、夜早く寝ることはできないし、そんなことをしようものなら家族全体の生活を狂わせてしまうことにもなりかねない」

と、あなたはおっしゃるかもしれない。

だが、夜に早目に床につくことは、やってできないことではないと思う。早起きをつづけた結果、睡眠不足になったとしても、そのときはそのとき。早く寝る方法も、いつのまにか見つかるというものだ。

しかし早起きが睡眠不足を招くとは、私には思われない。睡眠というのはある程度は習慣の問題であり、**怠惰な生き方のほうにこそ問題があるからだ。**

実は年々、私のその確信は深まっている。

たいていの人は、他に楽しみ方を知らないので、できるだけ長く眠っているのだと私は思う。

私はある医者に、この点に関して質問してみたことがある。その医者は、私や皆さんのような人間が住んでいるロンドン近郊の賑やかな町で、過去25年間も大いに流行《はや》ってきた医者である。ぶっきらぼうな男で、私の質問に対する答えもぶっきらぼうだった。

「たいていの人間は眠りすぎて馬鹿になっているのさ」

さらにつづけてこの医者が言うには、「10人のうち9人の人間は、ベッドで過ごす時間を減らせばもっと健康になり、もっと人生を楽しめるだろう」とのことだった。

他の医者にも話を聞いたが、皆、同様の意見だった。もっとも、これは育ちざかりの子供たちに当てはまらないことは言うまでもない。

そこで、まず私から皆さんに提案したいのは、**2時間、あるいは1時間でもよいから、早起きをしてみてほしい、ということだ。**そして——どうしても早く寝ないと早く起きられないというのであれば——早く寝られるときは、なるべく早くベッドに入りなさい。

仕事以外の何かをやるという点に関しては、朝の1時間は夜の2時間に匹敵するのだ。

「でも、自分のために朝食を用意してくれる人がいなければ、朝早くから何かにとりかかるなんて無理だ」

とあなたはおっしゃるかもしれない。

いやいや、ほんのはした金で、性能のよいランプとシチュー鍋を買えるご時世なのですよ。

自分にとって最も大切なことをしようというときに、他人の協力をあてにするとは、まことにふがいないことではないだろうか。

家族の誰でもよいから、夜のうちに「適当なところにお盆を置いておくように」とだけ頼んでおいてはどうだろうか。

お盆の上には2枚のビスケット、ティーカップに受け皿、マッチとランプを置いておいてもらおう。ランプの上に長い柄のあるシチュー鍋をかけ、ただしそのふたは裏返しにしておいてもらい、その上に少量のお茶の葉を入れたティーポットを乗せておいてもらう。

そうすれば、翌朝、あなたはマッチをするだけでよい。3分もすればお湯が沸き、あなたはそれをティーポット（すでに温まっている）に注ぐ。そしてさらに3分も経てばお茶が入る。それを飲みながら、1日を始められるのだ。

こうしたささいなことは、浅はかな人たちには取るに足らぬことのように思われるかもしれない。しかし思慮深き人々にとってはそうではない。

バランスのとれた賢明な1日を過ごせるかどうかは、ふだんとは違う時間に、たった一杯のお茶を飲めるかどうかにかかっているかもしれないのだ。

アーノルド・ベネット

第1章

この考え方が1日1日に奇跡をもたらす

時間があれば金《かね》は稼げるが、金があっても時間は買えない

「そう、彼も家計のやりくりの仕方を知らない連中の一人なんだ。社会的地位は悪くないし、ちゃんとした収入もある。それは必要な生活費を差し引いてもまだ充分に贅沢できる額だ。金使いが荒いというわけでもない。それでいて、いつも生活に困っている。とにかく金《かね》の使い方を知らない男なんだ。

立派なアパートに住んでいるのに、その部屋の半数には家具がひとつもないときている。まるで、いつも質屋通いでもしているようなあんばいだ。

背広は新しいのを着こんでいるくせに、頭にのせている帽子は古ぼけていたり、ネクタイはとびきり上等なのをしめているかと思えば、ズボンはよれよれときている。

夕食に招かれて行ってみると、器はカットガラスなのに、中身はまずい羊肉が入っていたり、ひびの入ったカップにトルコ・コーヒー(1)が入っているといった具合だ。

これがいかにバランスを欠いていることなのか、彼にはわからないんだ。要するに

彼には金の使い道がわかっていないということさ。俺に彼の半分の収入でもあれば、と思うよ。そうすりゃ、金の使い方ってものを教えてやるんだが……」

われわれは誰しも、こんなふうに偉そうな調子で人さまを批判することが時としてある。誰も彼も大蔵大臣にでもなったかのように、自慢げに宣《のたま》うのである。

新聞には、「これこれの年収で生活するにはどうしたらよいか」といった記事が満載されている。そして、そうした記事に対する反響がまたすごく、人々の関心の深さがうかがい知れる。

最近もある新聞で、この国の女性が年に85ポンドで快適に暮らしていけるものかどうかをめぐって、激しい論争が繰り広げられたばかりである。

私は、「1週間を8シリング（訳注：1シリングは20分の1ポンド。8シリングは0・4ポンド）でいかに暮らすか」という記事は読んだことがあるが、「1日24時間でいかに暮らすか」という記事には、いまだにお目にかかったことがない。それにもかかわらず、古来より「時は金なり」などと言われている。

この諺《ことわざ》は事実を控えめに言ったまでで、実際には時は金などよりもはるかに貴重なものだ。

時間さえあれば、金は手に入る――普通は。しかし、カールトン・ホテル（2）の携帯品預り係をしている人くらいの収入では、私よりも、あるいは暖炉のそばで寝そべっている猫よりも、1分たりともよけいに時間を買うなどということはできはしないと考えているのだ。

あなたにはたくさんの「空白の時間」が与えられている

古来、哲学者たちは「空間」に関しては説明してきた。しかし「時間」については何も説明していない。

時間というのは、あらゆるものを生みだすもととなる、何とも説明のしようのない不可思議なものだ。

時間が存在してはじめてあらゆることが可能となるし、時間がなければ何ものも生まれない。

「時間が与えられている」ということは、実のところ毎日奇跡が起こっているようなものであり、よく考えてみれば、まったく驚くべきことなのである。

朝、目覚める。すると、不思議なことに、**あなたの財布にはまっさらな24時間がぎっしりと詰まっている。**そして、それがすべてあなたのものなのだ。これこそ最も貴重な財産である。

時間は実に不思議な貴重品である。そして、それ自体の不思議さもさることながら、その与えられ方も実に不思議である。

考えてもごらんなさい！

誰もあなたから時間を取り上げることはできないし、盗むこともできない。そして、あなたより多く時間を与えられている者も、あるいは少なく与えられている者もいないのだ。

時間について話せば、それは理想的な民主主義の話になる。時間に関しては富による特権階級も、知的能力による特権階級も存在しない。天才だからといって1日に余分な時間を与えられるわけではない。

また、いかなる罰も下されることがない。時間というこのうえもない貴重品を、思うさま浪費したところで、そのために時間の供給が差し止められるというようなことはない。

時間については、

「こいつは悪党ではないにしても愚か者だ。つまり、時間を与えるに値しない人間だ。ある程度のところで時間の供給を止めてしまえ」

などという権力者は存在しないのである。

つまり、時間の支払いのほうがずっと確実で、平日だろうが、日曜だろうがそんなことは関係ない。そのうえ、先の分まで引きだして前借りするなどということもできない。できるのは、**過ぎ去っていく現在という時間を浪費することだけだ。そして、明日の時間を、今、浪費することもできない。**なぜなら、それは**「明日のあなたのためにとっておかれている」**からだ。

いや、明日の時間ばかりでない。今からあとの1時間についても同様である。私はこれを称して「奇跡」と言ったのである。

まったくその通りだとは思わないだろうか？

人生のすべては、時間の利用の仕方次第で決まる

あなたは毎日24時間で生活するしかない。24時間の中で、健康も楽しみも、金も満足も尊敬も得ていかなければならない。また、その中で**不滅の魂を向上させていかなければならない。**

時間を正しく用いること、最も効果的に利用すること、これこそ最も差し迫った切

かっている。

実な問題である。**人生のすべては、この時間の利用の仕方次第で決まるのだ。**

幸福——誰もが到達しようとしてなかなか到達できないあの目標——も、ここにかかっている。

進取の精神に富み、時流の先端をいっているはずの新聞が、「一定の収入でいかに暮らすか」という記事は満載しているのに、「一定の時間でいかに暮らすか」という記事を載せないのは、一体全体どうしたわけだろう。

金というのは、時間よりもはるかにありふれたものだ。胸に手を当てて考えてみれば、金こそ最もありふれたものであることに思い当たる。

人はある金額の収入で家計がやりくりできなければ、もう少し余計に稼ごうとする。年に1000ポンドではやりくりできないからといって、必ずしも人生を無為に過ごしてしまうわけではない。もうひとふんばりして、何ギニー（訳注：1ギニーは1ポンド1シリング＝21シリング）かを稼ぎだし、それで家計の帳尻を合わせようとするだろう。

しかし、「1日24時間という収入で、必要な時間をすべてまかなうことができない」となると、なぜか人は人生を無駄に過ごしてしまう。

時間は寸分の狂いもなく確実に与えられるが、その量は冷酷なまでに限定されているのである。

われわれの中の誰が、1日24時間で充分生きているだろうか？

ここで私が言う「生きる」とは、単に生存しているとか、「何となくどうにか暮らす」といったことではない。

また、「毎日の台所事情が、しかるべくうまくいっていない」というイライラから解放されている者がいるだろうか。上等の背広にみすぼらしい帽子をかぶっていることや、器にばかり気を配って中身の食べ物のことはすっかり忘れてしまっていることに本当に気づいている者がいるだろうか。

次のように自分に言いつづけない者、言ったことのない者がいるだろうか？

「もう少し時間ができたら、あれを変えてみよう」と。

しかし、もっと時間ができるわけなどない。**われわれには今あるだけの時間しかな**

く、それはいつだって変わらないのだ。

この含蓄のあるあまり顧《かえり》みられることのない事実に気づいたからこそ（気づいたのは最近のことであるが）、私は日々の時間の使い方を仔細に検討してみようという気になったのである。

（1）トルコ・コーヒー　細かくひいたコーヒーの粉をゆっくりと煮出し、こさずに静かに小さなカップに移してその上ずみをすするように飲む。

（2）カールトン・ホテル　ペルナル街とヘイマーケット街に面して建っていた当時のロンドンの高級ホテル。保守党議員のカールトン・クラブがある。

第2章

もっと知的好奇心に満ちた生活をつくろう！

1日が24時間であることを、あなたは本当に理解しているか

単刀直入に要点だけ触れるところが英国人のいいところだが、第1章を読んで、さっそく次のようにいう人がいるかもしれない。

「1日24時間で一体何を懸命になってやろうというのかい。私は、1日を24時間で暮らすのに何の不都合もないよ。やりたいことはみんなやって、その上、新聞の懸賞問題を解く時間だってある。1日は24時間しかないのだということがわかっていれば、1日24時間で満足するのは至極簡単なことだよ」

本気でこうおっしゃる方がおられるのなら、その方には見当違いのことを申し上げてまことに申し訳ない。あなたこそ、まさに私が40年間ひたすらお会いしたいと願ってきた方だ。

どうか、どうすればそうできるのかご教授願いたい。教える立場にあるのは私ではなくあなたのほうだ。どうぞ、名乗り出てください――。

私は、確かにあなたのような方がおられると思っているし、あなたのような方にいまだかつてお目にかかれないのは、私にとって大きな損失であると思っている。

しかしながら、あなたが名乗り出てくださるまでは、悩んでいる同胞たちに向かって——年月は次から次へと流れ去っていくのに、いまだに自分の生活をしかるべき軌道に乗せられずにいるという思いにとりつかれ、程度の差はあれ悩んでいる大勢の人々に向かって——私は語りつづけていきたいと思う。


人々がとりつかれている時間に対する思いを分析してみると、それは**主に焦り、期待、願望、欲求のようなものである**ことがわかる。これが原因となって、人々は絶えず不快な思いをしているのだ。

というのは、そのおかげで、せっかくの楽しみも興ざめになってしまうからである。たとえな劇場で楽しく笑っていたとしても、幕間にふっと起こる「今、何時だろうか?」という思いは、不愉快にも脳裏をかすめる。まるで忌わしい亡霊のように。

また、終電に乗り遅れまいと猛烈な勢いで走り、何とか間に合ったとしよう。車内で心臓の鼓動を静めてほっとしていると、どこからともなくこの亡霊は現われて、問いかけてくる。

「若いころおまえさんは何をしてきたんだい？　その歳になって、そんなに急いで、いったい今、何をしようと思っているんだい？」

これらの疑問に対して、こう答える人もいるだろう。

「あれをやれたら、これをやれたらと思いつつ、結局半分もできずに生きてきたのが、まさに自分の人生だ」——。

まったくその通りである。

ただし、その期待や欲求がどの程度実現したかは人それぞれだ。

ある男は、自分の信仰する宗教の聖地に行きたいと願うかもしれない。その男の良心がかの地へ行くべしと命ずるのだ。

そして、男は旅立つ。旅行会社の助けを借りるかもしれないし、誰の援助も受けずに旅するかもしれない。

しかし、仮にこの男がその聖地にたどり着けなかったとしよう。目的地に着く前に船が転覆して溺れてしまったか、沿岸でみじめにも命尽きてしまったか……。となると、この男の願望は永久に成就しないことになる。

しかし、聖地に行きたいと願い、その思いに悩まされながらも決してブリックストン（1）を離れることのなかった男に比べれば、この男の悩みはまだしも小さいことだろう。

ブリックストンを出発したというだけでも、何がしかの意味があるのだ。なぜなら、たいていの人はブリックストンを離れたことすらないからだ。タクシーでラドゲート・サーカス（2）まで行き、旅行会社でガイド付き旅行の値段を聞いたことさえない。

そして、そうしないのは「1日が24時間しかないからだ」と、自分に向かって言い訳するのだ。

仕事だけでは満たされない「知的好奇心」をどう満たすか

常に自分にとってのブリックストンを離れられない多くの人の、漠然とした欲求、焦りの感情をさらに分析してみよう。すると**道義上忠実に働かざるを得ない職業としての仕事のほかに、さらに何か別のこともやらなければならないという固定観念があって、そこから不満や焦りが生じている**ことが、おわかりになるのではなかろうか。

さまざまな法律や社会的通念によって、われわれは自らと、もしいれば家族の生活を健康に快適に保つべく義務づけられている。ローンを返済し、貯金をし、仕事の能率を上げて、一層豊かな生活を家族たちに与えてやらなければならない。

これだけでもたいへんな仕事だ。これを見事にやってのける人はきわめて少ないだろう。時にうまくやってのけられることがあるかもしれないが、そうできたとしても不満が残る。例の亡霊が立ち現われるからだ。

そして、これだけの仕事を立派にこなすだけでもたいへんで、とても力が及ばないとわかっていても、「さらにその上に何かをするよう努めれば、不満が少なくなるのではないか」と私たちは思っているのである――すでに社会的通念による義務をこなすだけでも手にあまっているというのに。

まったくのところ、これが事実なのだ。**「職業としての仕事以外に何かをやりたい」という欲求は、ある程度、精神的に成熟した人たちに共通する。**

この欲求を満たすべく努力しないと、**「何かを始めたいのに始めていない」という焦りの感情が生じ、いつまでたっても心の平安が得られない。**

こうした欲求はいろいろな名前で呼ばれている。それは、一種の普遍的な知識欲であるともいえる。そして、この欲求は非常に強い欲求なので、系統だった学問的知識を得ることに全生涯を捧げている人は、より多くの知識を追求するあまり、自らの本業の限界をついつい越えてしまうのである。

私はハーバート・スペンサー（3）を一番偉大な学者だと思っているのだが、彼で

さえ、この欲求に抗しきれず、そのためにしばしば研究上のスランプにおちいってい
るほどだ。

もっと充実した生活を送りたいという欲求が自分の内にあることを自覚している大多数の人々——すなわち、知的好奇心をもっている大多数の人々——の、「本業以外に何かをやりたい」という欲求は、普通は文学という形をとるのではないだろうか。彼らはまず「読書」という道をとりたがる。英国人がますます文学好きになってきていることは疑いない。

しかし、ここで指摘しておきたいのは、**決して文学がすべての領域の知識を包含しているわけではない**ということである。自らを向上させたい——自分の知識を増やしたい——と焦る心は、文学以外のものによっても充分満たし得るのだ。

そのさまざまな方法については後述することにしよう。ここでは、生まれつき文学に興味のない人に、文学だけが知識の渇きをいやす井戸ではないことを指摘するにと

どめておく。

(1) ブリックストン　ロンドン南東部にある都市。地下鉄ヴィクトリア・ラインの終点。
(2) ラドゲート・サーカス　セント・ポール寺院から西に抜ける通り。近くにホルボーン駅がある。
(3) ハーバート・スペンサー　1820—1903。イギリスの哲学者、社会学者。著書に『総合哲学大系』全10巻。

第3章

1日24時間の枠を最大限に生かすには?

「もっと時間があれば——」は言い訳にすぎない

あなたの心は、毎日の生活に対する不満で鬱屈している。そしてこのやっかいな不満感は、「〝もっと時間があればやりたい〟といつも願っているのに、やらずにそのままにしていることがたくさんある」と感じていることから生じている。これらについては、納得していただけたものと思う。

そして私は、「あなたは本来あるだけの時間を（すなわち1日24時間を）すべて所有しているのだから、これ以上に多くの時間をもてるわけはない」という瞠目《どうもく》すべき真実に、あなたの注意を引きつけた。

したがって、当然次にあなたは、「どうすれば申し分のない理想的な1日を過ごすことができるか」についての秘訣を、私が伝授してくれるものと期待なさっているに違いない。あるいは、「この本の著者は、私が長い間やりたいと思いつつできなかったことを実行するための、骨の折れない楽なやり方を教えてくれるかもしれない」とお思いに違いない。

すなわち、「やりたいことをやっていない」という、まとわりついて離れない日々の焦躁感から解放してくれる素晴らしい秘訣を、私がここで教えてくれるものだと——。

ところが、私はそんな素晴らしい秘訣を発見しているわけではない。いや、発見したいとも思わないし、他人が発見してくれるとも期待していない。なぜなら、そんな秘訣など発見できるわけがないのだ。

実際のところ、あなたが「やりたい」と思っていたことが何であれ、**楽なやり方、王道などといったものは存在しない。聖地への道は非常に険しいのだ。そして、何よりも悪いことは、結局そこへは決してたどり着けないことだ。**

24時間という与えられた時間の中で、充実した快適な1日を過ごせるように生活を調整する際に心得ておくべき最も重要なことは、**そうすることがいかに至難のわざで**

あるか、そのためにいかに多くの犠牲を払い、倦《う》まずたゆまず努力しつづけなければならないかを、冷静に悟ることである。このことは、声を大にして強調しておきたい。

スケジュール表で時間はつくれない！

ひょっとしたら読者の皆さんの中には、これぞと思うスケジュール表を書き上げることができれば、それでもう理想的な生き方ができるものと思っておられる方もいるだろう。私に言わせれば、そんな甘い考えはすぐにお捨てになったほうがよろしい。失望や幻滅を味わってもくじけないだけの心構えができていないのなら、つまり、労が多くて報われることが少なくても不満を感じないだけの覚悟ができていないのなら、最初からやらないほうがよい。

もう一度ごろりと横になり、「何かをやらねばば」という思いだけつのらせて、惰眠をむさぼっていればいい。

現にそうやってあなたは毎日を暮らしているのだから。

こう言ってしまうと身もふたもなく、なんだか目の前が真っ暗になったように思われるかもしれない。

しかし、なすべき価値のあることをやる前には、気を引きしめてかかることが絶対に必要なのだ。私自身は、こうした精神の緊張は嫌いではない。暖炉のそばで寝そべる猫と私の違いは、主にこの点にあるように思う。

「それでは、戦いにそなえて気を引きしめたとしよう。あなたの重苦しいご忠告も注意深く考慮し、心得たとしよう。さて、そこで一体いかにして始めればいいのかね」

あなたはこうお尋ねになるだろうが、なに、**ただ始めさえすればいい**のだ。何もことさら魔法のような始め方があるわけではない。

プールの端に立って冷たい水の中に飛び込もうとしている人から、

「どうやって飛び込んだらいいのでしょうか」

と尋ねられたら、こう答えるしかないだろう。

「ただ飛び込めばいいのです。気をひきしめて、飛び込みなさい」

前にも述べたように、時間は規則正しく、誰にとっても一定に与えられるのだ。この点に関して、とりわけいつもありがたいと思うのは、「時間というのは前借りして浪費することができない」ということである。

来年の時間や明日の時間、今から1時間後の時間も、手つかずであなたのためにとっておかれているのだ。あなたが今までの人生で時間を浪費したことなど一度もなかったかのように、完全に手つかずの状態で、とっておかれている。

これはたいへん喜ばしい、元気づけられる事実である。なぜなら**「その気になればいつからだって新規まき返しができる」**からだ。

逆にいうと、**来週まで待ったりするのは、いや明日まで待つことすら、何の意味もないということだ。**

来週になればプールの水がぬるくなるだろうと思うかもしれないが、そうはならない。むしろ、もっと冷たくなるだろう。

はじめから「大きな変化」を求めてはいけない

とはいえ、特別あなただけに、始める前の注意事項を二、三述べておくとしよう。何よりもあなたに注意しておきたいのは、意気込みばかりが高じないように気をつけることである。「いいことをやるんだ」という意気込みは、人を誤らせやすい危険なものである。

大いに意気込んで何かを始めたとする。最初からその意気込みを満足させられないと、さらに多くのことを求めることになる。挙句の果てに、山を動かし、川の流れを変えなくてどうするか、ということになる。

大汗をかくようなことをやらないと満足できなくなるのだ。

ところが、よくあることだが、**「大汗をかいているな」と感じたとたん、急に疲れがどっと出て、最初の意気込みもしぼんでしまう。**「もうこれで充分だ」といえるほどの努力すらしないうちにである。

だから、**初めからあまり多くのことを企てないようにしよう。**少しで満足することだ。思いがけないことが起きる可能性や、人間性というやつも頭に入れておこう。とくにあなた自身の性格を。

一度やそこらの失敗は、それが自尊心や自信の喪失につながるのでなければ、大したことではない。しかし、一事成れば万事成るがごとく、一事に失敗すれば万事に失敗することもある。

失敗者の多くは、**あまりに多くのことを企てすぎて失敗した**のだ。

したがって、「1日24時間という小さく限られた範囲の中で、充実した快適な生活をする」という大事業にとりかかるにあたっては、早々に失敗するという失態だけは何としても避けなければならない。

とにかく、この大事業に関しては、華々しく失敗するほうが、つまらない成功を収めるよりましだという考えには賛成できない。**つまらない成功で大いに結構**だ。華々しい失敗からは何も生まれないが、**つまらない成功はつ、ま、ら、な、く、な、い成功をもたらす**

かもしれないからだ。

そこでまず、1日の時間の配分から検討していくことにしよう。

あなたは、「毎日の予定はすでにぎっしり詰まっていて、余裕などない」とおっしゃるかもしれない。

しかし、実際のところはどうなのだろう? 生活の糧を稼ぐ仕事は、平均すれば7時間ではないか。

睡眠時間は何時間だろう? やはり7時間くらいか。いや、大目にみて、もう2時間加えてもいいのではあるまいか。

さて、では残りの8時間を、あなたはどのように使っているか? 説明できる人がいればすぐにご説明願いたい。

第4章

自分の精神・肉体を養うための「内なる1日」

無意識が生み出す膨大な〝もったいない〟時間

時間の使い方に関する問題点を的確に、そして即座に把握するためには、具体的な1人の例を取り上げるほかないだろう。

しかし、それはあくまでひとつの具体例であって、平均的な例ではない。現実の世界には「平均的な例」などというものは存在しないのだ。それは、平均的な人間がこの世に存在しないのと同じである。

それでも勤務時間が朝10時から夕方6時までの会社に勤め、朝晩50分かけて通勤している1人のロンドン市民を例として取り上げれば、事実上、現在のロンドンで暮らしている人々の平均には、最も近いものとなるだろう。

もちろん、生活のためにもっと長く働かねばならぬ人もいるだろうし、それほど長く働く必要のない人もいる。だが、ここでは生活における経済的側面は関心の対象ではない。今問題にしていることからいえば、週給1ポンドの事務員も、カールトン・ハウス・テラス街(1)に住む億万長者もまったく同列なのである。

ならばここで、一人の典型的ロンドン市民というものを引き合いに出してみよう。彼は1日を生きる上での根本姿勢に重大な誤りがある。1日に取り組む気構えが間違っているために、自分の精力や興味の3分の2がそがれてしまっているのだ。特別な人間でもない限り、普通は、自分の仕事に対してあまり情熱を燃やしていない。あるいは、よくても「嫌いではない」といった程度であろう。彼はなかなか仕事にとりかかろうとせず、始めるときは不承不承の体《てい》である。そして終業時間がくるのを、今か今かと首を長くして楽しみに待っている。仕事に全力投球するなどということはまずない。

これをお読みになった皆さんが、「悪口を言われた」と血相を変えて私を非難するであろうことはわかっている。しかし、私はロンドンのシティ(2)のことを知り尽くしているので、自分の意見を変えるつもりはない。

しかも、このような心構えで仕事をしているくせに、**朝10時から夕方6時までの勤務時間があくまで本当の意味での「1日」だとみなし、勤務時間の前の10時間とあとの6時間は、単なるプロローグとエピローグに過ぎないと思っている。**

無意識にそうなってしまうのだろうが、1日に対するこのような姿勢は、仕事時間以外の16時間に対する関心を失わせてしまう。その結果、時間を無駄に費やさないまでも、それを大切な時間だとは思わなくなってしまうのだ。単なる残余の時間に過ぎないと考えてしまうようになる。

このような根本姿勢はまったく筋が通らず、不健全だ。1日のうちの一部の時間に過ぎない勤務時間にばかり集中し、「終える」ことや「片づけてしまう」ことばかり考えているような仕事を「一番大切」だと考えてしまいかねないからだ。

1日の3分の2の時間を、単に3分の1を占める勤務時間に付随している時間に過ぎないとしてしまうなら（しかも、その3分の1の時間すら、全然情熱を燃やしていないのだから）、**完全に充実した1日を過ごすことなど、どうやって望めようか。**望めるわけがない。

頭の中に「内なる1日」をつくる

私が例に挙げたような普通の人が、充実した完全な1日を送りたいと思ったら、**頭の中で、1日の中にもうひとつ別の1日を設けるようにしなければならない。**

この「内なる1日」は、ひとまわり大きな箱の中に入っている小さな箱のようなもので、夕方6時に始まって翌朝の10時に終わる。**16時間の1日**というわけである。

そして、この16時間はすべて、もっぱら自分の心と身体を成長させ、同胞を啓発することだけに使うのだ。

この16時間はすべてのものから解放されている。まず、給料を稼いでくる必要がない。そして、金銭上の問題に気をとられることがない。つまり、働かずとも食べていける人と同じような、結構な身分なのだ。

「内なる1日」を有意義に過ごすには、このような心構えが何よりも大切だ。充実した人生（莫大な遺産を残すことよりもはるかに大事なことであるが）が送れるかどうかは、あなたの心構え次第で決まるのである。

するとあなたは、
「この16時間に全精力を注ぎ込んでしまったら、本業の8時間の能率が落ちてしまうのではないか」
とおっしゃるかもしれない。

いや、そんなことはない。それどころか、確実に能率は上がると言ってもよいだろう。

大多数の人が知らなければならない重要なことのひとつは、**知的な能力は、絶えざる激しい労働にも耐え得るということである。**手や足のような疲れ方はしない。必要とするのは、睡眠は別として、対象の変化だけである——休息ではない。

典型的ロンドン市民が、すべて自分のものであるこの16時間を、現在どのように使っているか？　起床時間から順次検討してみよう。ただしここでは、彼がしていることと、私がすべきではないと思うことを指摘するだけにしておく。

私が皆さんに提示したいことは、ちょうど開拓者たちが森林の中に新たな土地を開拓するように、新たな時間を開拓することである。その開拓された新たな時間に「苗を植え込む」ための提案は、あとにまわそう。

自分の1日をじっくり検討し、新たな時間を開拓する

まず朝起きてから家を出るまで、大多数の人はほとんど時間を無駄にしていないと言っていい。

しかし、玄関のドアをバタンとしめて表へ出るやいなや、典型的な人の知的能力は、疲れているはずなどないのに、怠惰になり始める。駅に着くまでには頭の回転がすっかり止まっているだろう。

駅に着くと、たいていは電車の到着を待たねばならない。毎朝多くの駅では、まだ

るのが見られる。

来ない電車を待ちながら、大勢の人がプラットホームを黙々と行ったり来たりしてい

鉄道会社は乗客から時間を盗んでいることになるわけだが、少しも恥じるところがない――時間は金よりもはるかに貴重なものだというのに!

こうして、毎日莫大な時間が失われている。私のいう典型的なロンドン市民は、時間についてまったく無頓着なので、「時間が無駄に失われないように気をつけよう」などとは思ってもみない。

人は1日に1枚ずつ、時間という硬貨――仮に1ポンド金貨としよう――を与えられている。

この1ポンド金貨はくずしてもらわなければならないが、その際、がっぽりと手数料をとられても、わが典型的ロンドン市民は寛容である。

たとえば切符を1枚買うときに、

「1ポンド金貨をくずしてさしあげますが、手数料として半ペニー銅貨3枚(訳注:1

ペニーは100分の1ポンド）を頂戴します」

と言われたら、さすがに寛容なロンドン市民でも黙ってはいまい。大声で抗議することだろう。鉄道会社が1日2回、通勤時に5分ずつ時間を奪っているのは、いってみれば、これと同じことなのだ。

些細なことを問題にする、とあなたはおっしゃるだろう。

その通り。だが、弁明は後まわしだ。

とりあえず新聞をもって電車に乗り込んでいただこう。

（1）カールトン・ハウス・テラス街　ロンドンにあるセントラル・ジェームズ・パークを見晴らす高級住宅街。

（2）シティ　ロンドン旧市街。商業・金融の中心地である。

第5章

週3回の夜90分が、あなたの心を豊かにする

通勤時間という「誰にも邪魔されない時間」

あなたは新聞片手に、朝の通勤電車に乗り込んだとしよう。黙々と、そして悠然と新聞に読みふける。あるいは、どっしりと落ち着いて読む。これから少なくとも通勤時間の30分間は、誰にも邪魔されない自分の時間をもてることがわかっているからだ。

紙面の片隅に載っている船舶会社の広告や、歌の宣伝などにのんびりと目を走らせる。

そのくつろいだ様子は、時間がありあまっている人間のものであり、まるで1日が24時間ではなく124時間もある、どこか他の惑星の生物のようにみえる。

通勤時間をどう生産的に生かすか

断っておくと、私も新聞を読むのは大好きである。毎日、一般紙を5紙と、フランス語の新聞を2紙読んでいる。

週刊誌にいたっては、毎週必ず読んでいるものは何誌くらいあるだろうか。知っているのは雑誌の売り子だけ、といったありさまである。

私がわざわざこんなことを申し上げるのは、朝の電車の中で新聞は読まないほうがよいと言った途端、新聞に対する偏見をもっているからそんなことを言うのだと非難されたくないからだ。

新聞が素早く作られるのは、素早く読んでもらうためである。私は1日のスケジュールの中に新聞を読むための時間など設けていない。ちょっとした空き時間に読むことにしている。しかし、確実に読んでいる。

私が気に入らないのは、誰にも邪魔されることのない30分から40分といった、かなりまとまった貴重な時間を、新聞を読むのに使ってしまうということである。

それぞれが自分の世界に閉じこもっている朝の通勤電車の中ほど、人が完全に何かに没頭できる場所はほかにない。

その時間は、まるで真珠の首飾りのように貴重なものなのだ。それを中国の皇帝やオリエントの君主のような贅沢さでもって乱費してしまうのは、どうしても許せないと思う。なぜなら時間の面でいえば、あなたはどこの国の王様でもないのだから。

あなたも、私と同じだけの時間しか持ち合わせていないのだ。どうかそのことを忘れないでいただきたい。

さあ、電車の中で新聞を読むのは、もうやめようではないか。あなたと違って、そうしていない私は、すでに45分近くの時間を、もっと有意義なことに使うべく「とっておいて」いる。この時間の使い方については、第7章で再び述べることにしよう。

さて、会社に到着する。会社にいる6時までの時間については、私も口出しはしないでおこう。

お昼には1時間の昼休みがあり、しかも食事にかかる時間は、せいぜい30分もあれば充分だということも知っている。

だが、この時間の使い方についても何も言うまい。好きなように使っていただくことにする。

もちろん、新聞を読むのも結構だろう。

この「週3回の夜90分」が人生の明暗を分ける

再びあなたにお目にかかるのは退社時刻だ。あなたは顔色も悪く、疲れている。家に着くと、あなたの奥さんはあなたに「顔色が悪い」と言い、あなたもまた「疲れた」と告げる。家にたどり着くまでの間に、徐々に疲労感を意識的に自分の中に作りだすのである。

この疲労感は厚く重い雲のように、広くロンドンの郊外一帯に低くたれこめる。ことに、冬はそうである。

家に着いてもすぐには食欲も湧いてこないだろう。1時間かそこら経つとようやく元気が出てきて、少しぐらいなら食べられそうな気がしてくる。そこでようやく食事をとる。

それから、厳粛な面持ちでタバコをくゆらせたり、友人と会ったり、トランプをしたり、あるいはぼんやりとして時間を過ごしたりする。本をちょっとめくってみたり、寄る年波にふと思いを致してみたり、散歩をしたり、ピアノをいじったり……。

「ええっ、もう11時15分か。そろそろ寝なけりゃ」

だがあなたは、寝なけりゃと思いつつ、それからまたたっぷり40分も過ごしてしまう。上等のウイスキーをちびちびやりながら、だらだらと起きている姿が目に浮かぶ。

ようやく1日の仕事に疲れきって床に入る。会社を出てから6時間、おそらくそれ以上の時間が経ってしまった――まるで夢か魔法のように、わけのわからないうちに経ってしまった……。

このあたりが典型的な例であろう。しかし、これに対してあなたはこうおっしゃるかもしれない。

「何と言われようと結構だけれども、事実われわれはくたびれるのだ。友人にも会わなけりゃならないし、始終、緊張しっぱなしというわけにもいかないんだから」

ごもっとも。では、劇場へ行くご予定の時はどうなさっておられるか?

まず、大急ぎで帰宅するのではないか。せっせと上等の服を着込んで身だしなみをととのえる。再び電車に乗って大急ぎで街へ取って返す。5時間とは言わないまでも、4時間は興奮のしっぱなしだろう。それからわが家へと引き上げる。

そんな日は、寝なけりゃと「思いつつ」40分と過ごしたりはしない。すぐに床に入る。友人や疲労感のことなど、きれいさっぱり忘れている。そして、「今夜はなんとも長い夜だった(あるいは、あっという間に時が経ってしまった)」と満足感に浸るのだ。

それからまたあるときの話をしよう。たとえばあなたは、アマチュアのコーラスで歌うよう熱心に勧められ、その気になったとする。3カ月間は練習で、ひと晩おきに

2時間も拘束される。そんな機会があったとしたら、どのように時間は過ぎていくだろう？

楽しみにしていることがあるとき、全精力を傾けることのできる何かがあるとき、そのことを考えるだけでその日1日は光り輝き、より活気に満ちてくることを、あなたは否定できるだろうか？

私が言いたいのは、「夕方6時に、あなたはまだ疲れているわけではないのだ」という事実を直視し、受け入れるということだ（事実、あなたは疲れてはいないのだから）。

だから夜の時間が、食事のために真ん中で中断されないよう配慮することだ。そうすれば、少なくとも3時間というゆとりある時間をもてることになる。

私は何も、毎晩この3時間を、「知的エネルギーを使い果たすようなことに使え」などと言うつもりはない。

私が申し上げたいのは、まず手始めに、**ひと晩おきに1時間半、何か精神の向上に**

なるような意義のあることを、継続してやってみてはどうだろうかということである。

それでもまだ3晩残るのであるから、友人と会うこともできるし、ブリッジやテニスをすることもできる。家庭内のことをやったり、ちらっと本のページを繰ったり、タバコをふかしたりもできる。庭いじりもできるし、ただ何となく時を過ごしたり、クイズの懸賞に応募することもできよう。

なおその上に、「週末」という素晴らしく豊かな時間があるのだ。もし辛抱強くひと晩を意義あることに使いつづければ、本当に充実した生活をするために、やがてさらに4晩、5晩と努力を重ねていきたいと思うようになるだろう。

そして、夜の11時15分になると、

「寝なけりゃならない時間だなあ」

とつぶやくあの習慣がなくなるにちがいない。

実際、寝室のドアを開ける40分も前から寝ることを考え始めているような人は、退屈しきっているのだ。つまり、充実した生活をしていない。

しかし、最初のうちは、まずこの**「週3回の夜の90分間」**を、**1週間の全時間の中で、最も重要な時間になるようにしてもらわなければならない。**

肝に銘じておいてもらいたい。この90分間は神聖な時間でなければならないのだ。劇のリハーサルやテニスの試合同様、**何がなんでも確保しなければならない。**

「悪いけど君に会えないんだ、テニス・クラブにかけつけなきゃならないんでね」

と言う代わりに、

「勉強しなきゃならないんでね」

と言わなければならない。

もちろん、なかなかこうは言えないことは私も認める。テニスのほうが、不滅の魂などよりもはるかに目先のことに思えるからだ。

第6章

「情熱と活気に満ちた1週間」をつくる秘訣

「1週間」を6日として計画する

週末から月曜の朝に仕事へ戻るまでに、広大な時間があることはすでに述べた。さて、今度は、「1週間を6日として計画を立てるべきか」、「7日として考えるべきか」という問題に触れておきたい。

長年の間、私は――実際、40に近い歳になるまで――1週間を7日として考えて計画を立ててきた。

ところが、私よりも年上で人生経験の豊かな人たちから、**「7日と考えるよりも6日として考えたほうが能率が上がり、より充実した生活ができる」**と教えられることが一度ならずあったのである。

実際、現在の私は「自分で計画したことにも従事せず、その時々で気まぐれに思いついたことだけをやる日」を7日間のうちに1日設けている。だから週1回の休日がもつ本当の意味を（つまり、精神に及ぼす効用を）充分に理解できている。

だが、それでも私は、人生をもう1回やり直せるとしたら、やはり1週間を6日でなく、7日として計画を立てるだろう。

長年の間、週7日間をびっしりと精一杯生きてきた人でなければ、週ごとにめぐってくる休日の本当のありがたさは理解できない。

それに、今の私は歳をとっている。まる1日を休みに使いたいと願うのは、年齢の問題でもある。

若さにあふれ、人並み以上の精力があり、進んで努力しようという人に対してであれば、やはりためらわず私は言いたい。

「毎日休まずに自分の計画したことを推進せよ」

しかし、普通の人の場合にはこう言いたい。

「その場の思いつきではなく、あらかじめきちんと決めた計画（本業以外に何かをやろうという計画）を実行するのは、週6日に限定しておくべきである」

やりたければそれ以上やってもいいのだが、ただしその場合には、自分のやる気の程度と充分相談してかからねばならない。

ただし、休日の余分な1日は、**「たまたま手に入ったもうけものの1日」と考えるべきであって、必ずいつも自分の懐へころがり込んでくるものとして当てにしてはならない。**そう心得ておけば、その日が利用できなくなっても損をしたような気になったり、当てがはずれたと大騒ぎしなくとも、すみやかに6日間の計画に戻ることができよう。

毎朝の30分が自分の中に奇跡を起こす

さて、現状を見てみよう。すでにわれわれは1日のうちから、利用できるのに無駄にされている時間を抽出した。週6日、毎朝の少なくとも30分間、そして週に3晩1時間半ずつ、合計すると週7時間半になる。

「今のところは、この7時間半で満足するよう提案したい」と申し上げると、すかさずあなたは大声で抗議なさるだろう。

「なんだって？　あんたは人生をいかに生きたらよいか、教えてくれるはずじゃなかったのかい。それなのに、1週間の168時間のうち、たった7時間半しか問題にしないというのは、一体どういうわけだ。この7時間半で奇跡でも起こして見せてやろうという気かね」

率直に言わせてもらうなら、まさにその通り。やらせていただけるなら、この7時間半で奇跡を起こしてお見せしようというのだ。

私はあなたに、ある経験をしていただきたい。実際にはまったく自然で理にかなっているのだが、一見奇跡のように思える経験を。

言いたいことは、**「この7時間半をフルに活用すれば、その週全体が活気と情熱にあふれたものとなり、退屈きわまりない職業にさえ関心が増すようになる」**ということだ。

たとえば、毎朝毎晩10分間だけ体操をしているとしよう。そのおかげでその日1日、体調が非常によく、ますます丈夫になり、やがて体つきそのものまで見ちがえるほど頑健になったとしても、あなたは少しも驚くまい。

それなら、**毎日平均1時間余りの時間を、精神を豊かにするようなことに使い、そのために、あらゆる精神活動が活気をおび、それがいつまでもつづいたとしても、**どうして驚くことがあろうか。

自分を磨くには、もっと多くの時間をかけたほうがよいことは確かだろう。より多くの時間をかければ、成果もそれだけ大きなものとなるのだから。

しかしながら、ささやかな努力に見えるようなことからとりかかるほうが、私は現実味があって好きである。

さらに言うと、実際のところ**これは決して「ささやかな努力」などではない。**やってみればそれがわかる。

7時間半をひねりだすのですら、ジャングルを切り開くように、容易なことではないのだ。必ず何がしかの犠牲を払わなければならない。

なぜなら、使い方がまずいにせよ、7時間半という時間を、誰でも現に使ってきている。やってきたことがいかにつまらないことであれ、その時間で何かをしてきたことは確かなのだ。

その時間をもっと有効に使い、何か意義のあることをやるというのは、すなわち**「習慣を変える」**ということにほかならない。だからこそ誰にとっても、容易ではないのである。

小さな一歩からでないと「習慣」は変わらない

習慣を変えることこそ至難のわざだ。**変化というのは、それが改善のためであっても、必ず不便や不快感を伴う。**

もし週7時間半まじめに努力をしつづけ、しかも相変わらず現在と同じように生活をつづけられるものと思っておられるなら、それは大間違いである。くり返して言うが、**何らかの犠牲と、強固な意志の力が必要**なのだ。

「ささやかなことから始めよ」と心から私が忠告するのは、私自身、これがいかに難しいことであるかを知っているからである。

やろうとして失敗すると、いかに屈辱的な思いをしなければならないかも知っている。自尊心は大事に守らなければならない。

きっぱりとした決意をもって事にあたる場合、私たちの根底には、常に自尊心がある。入念に計画した企てが失敗すると、この自尊心は致命傷を負うことになるのだ。

だから、何度もくり返して言わせてもらおう、**「習慣を変えるなら、あまり大きなことを公言せず、さりげなく始めなさい」**と。

もし3カ月間、週7時間半ずつを自己研鑽《けんさん》に割くことができたなら、そのときは「自分はこんな素晴らしいことができたのだ」と大声で歌うもよし、独り言を言うのもよいだろう。

もうひとつ、この7時間半の使い方に話を移す前に言っておきたいことがある。それは、夜の時間に関してだ。

1時間半の勉強をするためには、それ以上の時間の余裕を見ておいたほうがいい。

なぜなら、**どんな思いがけないことが起こるかもしれないし、人間はいつも決めたことを完璧に実行できるわけではないからだ。**

したがって、90分を要する勉強に取り組むのなら、余裕をもって9時から11時半くらいまで、2時間半くらいは見ておくことだ。

第7章

思考を集中するひとときをもつ

「充実人生」を送るための第一条件

「人は自分で自分の思考をどうすることもできない」とよく言われる。

しかし、これは決して正しくない。**ものを考える機械、すなわち頭脳を完全にコントロールすることはできる**のだ。

人間が考えることのすべては、われわれの頭の中で起きる。ということは、喜びも悲しみもすべて頭の中で生じるのであるから、この神秘的な頭脳をコントロールするのが、何にもまして重要なのは言をまたない。

「思考をどうすることもできない」という考え方は、実際のところ、大昔からある陳腐な説のひとつに過ぎない。けれども人はそれを信じ、私たちの頭脳が内包している深遠な真理と切実さを理解することなく生き、そして死んでいく。

よく「集中力が足りない」と嘆く人がいるが、その気になればそれは身につけられるのだということを知らないのだ。

集中力がなければ——つまり、頭脳に仕事を命じ、頭脳を従順に従わせる力がないと——本当に充実した生活はできない。**頭の働きをコントロールすることは、充実した生活をする場合の第一条件**なのである。

電車の中にいても頭の働きに磨きはかけられる

では自分の頭脳をコントロールするために、何をしたらいいのか？　あなたが**1日の初めにまずやるべきことは、頭の働き具合をためしてみること**だ。

身体の内部や外部の手入れには、あなたも充分に気を配っているだろう。自分の胃袋に立派に働いてもらおうと、食事でご機嫌をとっていることと思う。

それなのに、なぜ頭脳というもっとずっとデリケートな機械に、少しの注意も払わないのか。とくに、この機械の働きに気を配るには、外部からの助けも一切必要ないのだ。であれば、もっと注意を払うべきであろう。

実は頭脳に注意を向けることこそ、充実した生活を送るコツでありツボだ。そして、玄関を出てから会社に着くまでの通勤時間に新聞などを読まず、とっておくように言ったのは、まさにこのためにほかならない。

「なんだって？　道路やプラットホームや電車の中や、混雑した町中でも頭の働きに磨きをかけなけりゃいけないというのか？」

その通りだ。こんな簡単なことはほかにはあるまい。道具は一切いらないし、本1冊も必要ない。とはいえ、これは生やさしいことではないのである。

やってほしいのは、**「家を出たらひとつのことに思考を集中してみる」**（初めはそれが何であってもかまわない）ということだ。

おそらく10メートルも行かないうちに、あなたの思考は、あなたの監視の目をのがれて角を曲がり、他の事柄に注意を奪われて戯れていることだろう。

そうなったら、よそ見をしている思考の首根っこをつかみ、もとの思考へ引き戻すのだ。駅に着くまでに40回もそれをくり返すことになるかもしれない。しかし、**くじ**

けてはならない。やりつづけるのだ。

そうすれば、やがては思考をコントロールできるようになる。**辛抱強くやっていれば、必ずできるようになる。**

「自分は集中してものを考えられないのだ」といってあきらめてしまうのは、怠惰以外の何者でもない。

思い出してほしい。たとえば気がかりな連絡を受け、それに対して慎重に言葉を選んで返事を書かなければならなくなった朝のことを。

会社に着くまで1分の中断もなく返事のことに考えを集中しつづけ、会社に着くなりすぐに座って、一気にそれを書きあげたあの時のことだ。

あの場合は、事情によって集中力が高まり、暴君のように思いのままに、あなたは自分の思考を支配することができたのだ。雑念を払いのけ、返事を書き上げることばかりを、ただひたすら念じていたのである。

思考のコントロールは、これと同じことだ。だから必ず、平常時にだってできる。

手軽にできる「思考を支配する」訓練法

集中力を高める練習を規則的にやることによって（これには何も特別な秘訣はない——辛抱強くやるということ以外には）、**あなたは自分の思考をいかなるときでも、いかなる場所でも、思いのままに支配できるようになる**（むろん、あなたが考えたい思考に集中していることが、どんな場合にも最適な時間の使い方というわけではない）。

思考を支配する練習は、実に手軽にできる。

たとえば筋肉を鍛えるために、朝の電車の中に鉄アレイをひと組もち込んだり、勉強のために全10巻の百科事典をもち込んだりすれば、たちまち周囲からは好奇の目で見られることになろう。

しかし集中力を高める練習は、通りを歩きながらでもできるのだ。電車の片隅に腰掛けながらでもできるし、地下鉄の吊革につかまりながらでもできる。

そして、周囲の者で、あなたが一番大事な日課に取り組んでいるのだと気づく者などいない。どんな礼儀知らずの馬鹿者でも、あなたのことを笑う者はいまい。

あなたが集中できるのなら、対象は何であってもよいと思う。大事なのは、**ものを考える機械を訓練する**ということなのだから。

とはいえ、一石二鳥になるならそれに越したことはないから、何か役に立つものに思考を集中すればなおよいだろう。

たとえばマルクス・アウレリウス（1）とかエピクテトス（2）のような名著の、短い1章に集中してみるというのは、どうだろうか？——単にひとつの提案に過ぎないのだが。

古典的な著者の名前を挙げたからといって、どうか尻込みしないでもらいたい。単に私自身が、マルクス・アウレリウスやエピクテトス以上に、内容がいつまでたっても「新鮮な」本を知らないだけだ。もちろん本ならどんな本だって構わない。

ただ、2人の名を挙げたのは、あなたや私のような平凡な人間（気取りやポーズや非常識を嫌う人間）の日常生活に応用できるさりげない常識が、これ以上に一杯に詰まった本を、私は見たことがないのである。

ためしに今晩、第1章だけでいいから読んでみていただきたい――短いので1章といわず何章でも読めるだろうが。そして、次の日の朝、書かれていたことに思考を集中してみていただきたい。そうすれば、私の言ったことを納得していただけると思う。


ところで皆さん、ごまかそうとしたって無駄ですよ。私には、あなたの言いたいことが電話で聞いているかのようにわかる。あなたはこうつぶやいているはずだ。

「こいつは第7章までなかなかいいことを言ってきた。俺も少し興味が湧いてきた。だが、電車の中で頭を使えとか集中しろなんて話になると、俺にはもう関係がない。誰か他の人には結構なことなんだろうが、俺の性には合わない」

何度でも言うが、あなたに向かって私は語りかけているのだ。

私が念頭においているのは、まさに「あなた」のことなのだ。私のこの提案を無視するということは、あなたにとって今までのどんな提案よりも大切な提案を無視することになるのである。

これはなにも私が考えだした提案ではない。これまで地上に存在した人間の中で、最も良識があり、経験に富んだ現実主義者たちが行なった提案なのである。私はその受け売りをしているに過ぎない。

ぜひ文句を言わず、やってみていただきたい。**自分の思考をコントロールするのだ。そうすべく努力しているうちに、人生の厄介事の半分は取り除かれてしまう。**

とくに、避けようと思えば避けられるのになかなかそうはいかないあのみじめで忌わしい病気、すなわち「取り越し苦労」など、まったくなくなってしまうだろう。

ぜひご自身で実践して、確かめていただきたい。

（1）マルクス・アウレリウス　121―180。ローマ皇帝。ストア哲学者でもあり、哲人皇帝と称された。著書『自省録』『不動心』。

（2）エピクテトス　約55頃―約135。ギリシャのストア哲学者。ローマでストア哲学を教授。死後、弟子がその教えを『教説』と『提要』にまとめる。

第8章

「内省的な気分」を大切にする

能力をフル回転させる「基礎教程」とは?

集中してものを考える訓練(これには少なくとも毎日30分は割かなければならない)は、単なる準備段階であって、ピアノでいえば音階練習のようなものである。

人体という複雑な組織体の中で最も制御しにくい器官である頭脳を、何とかコントロールするだけの力を身につけたら、次に当然、**思いのままに役立てるべく頭脳にくびき**(1)**をかけなければならない。**

従順な頭脳をもっていても、その従順さから最大限の利益を得るのでなければ何の意味もない。

そのために、まず経なければならない長い基礎教程というのがある。

思いと行動との「落差」に気づいているか？

さて、この基礎教程で何を学ぶかについては、疑問の余地はあるまい。実際、学ぶことについて疑問が提出されたことはかつて一度もないし、この点に関しては、あらゆる時代の良識人の意見が一致している。

学ぶべきことは文学ではないし、それ以外の芸術でもない。歴史でもなければ科学でもない。ただ「己《おのれ》自身を学ぶ」ということだ。

「人間よ、汝自身を知れ」というのはあまりに言い古された文句であり、そう書くことも気恥ずかしい気がする。

が、これはどうしても書いておかねばならない。その必要があるからだ（気恥ずかしい気がすると書いたことこそ恥ずべきで、これは取り消しておきたい）。私は声を大にして言っておきくべきだ。「人間よ、汝自身を知れ」と。

この古代ギリシャから言われている文句は、誰もがよく知っており、その言わんとすることの重要さもよく心得ているだろう。だが、これを実行に移せるのは人並みすぐれて賢明な人たちだけである。

どうしてそうなのかは私にはわからない。ともあれ、**心正しき平均的な現代人の生活に何よりも欠けているのは、内省的気分であるの**は間違いない。

われわれは自分のことを振り返って考えることをしない。つまり、自分の幸福とか、自分の進もうとする道、人生が与えてくれるもの、いかに理性的に決断して行動しているか（あるいは、していないか）、**自分の生活信条と実際の行動の関係など本当に大切な問題について、自分というものを見つめることをしていない。**

それでも人は幸福を探し求めている。あなたもその1人だと思うが、果たしてそれを発見できただろうか？

おそらく、まだ発見していないだろう。あるいは「幸福など手に入らないものだ」

と、あきらめきっているかもしれない。

だが、実際に幸福を手に入れた人もいる。そういう人たちは、**幸福とは肉体的、精神的快楽を得ることにあるのではなく、理性を豊かにし、自らの生活信条にかなった生き方をするところにある**と悟ることによって、幸福を自分のものとしているのだ。

このことを否定するほど、あなたは厚かましくあるまい。

そして、正しいと認めながら、なおかつ1日に1時間たりとも自分の理性、生活信条、行動を深く振り返ってみることをしないというのであるなら、「幸福を得ようとしていながら、そのために必要な、たったひとつの行動をまったく実行に移していない」ということを、あなた自身が認めなければならない。

さて、気恥ずかしく思うべきなのは私のほうだろうか？　それともあなたのほうだろうか？

ご心配なく――私は無理やりある生活信条に、あなたの注意を引きつけようというのではない。あなたがどんな生活信条をもっていようと、ここでは一向にかまわない。

あなたは自分の生活信条から、「盗人にも三分の理あり」と信じているかもしれない。それでもかまわないのだ。私が強調したいのはただ、**自分の行動が自分の生活信条と一致していない人生というのは、無意味な人生だ**ということなのである。

そして、行動と生活信条を一致させるには、日々の生き方をよく検討し、自分を振り返り、断固として行動するしかないということである。

盗みをした人間が後々いつまでも後悔することになるのは、盗むという行為が彼らの生活信条に反したことだからである。もし、彼らが盗みは道徳的に立派なことであると心から信じてやったことなら、刑務所暮らしもまた楽しからずやということになるであろう。

こう考えると、殉教者は皆、幸福な人間ということになる。なぜなら、彼らの行為は自らの信条と完全に一致しているのだから。

1日の終わりに自分を振り返る心のゆとりをもつ

理性は（行動を起こさせるものであり、生活信条の形式に関係がないわけではないのだが）、われわれの生活の中では想像以上に小さな役割しか果たしていない。

人間は理性的な生き物であると思われているが、実際は**理性よりも本能に従って生きている。**そして、深く自分を振り返って考えることが少なくなればなるほど、ますます理性的でなくなるのだ。

今度いつか、ステーキの焼き過ぎでウェイターに腹を立てるようなことがあったらぜひ、あなたの心の中の私室に理性の女神を招き入れ、相談してみていただきたい。

理性の女神はおそらくあなたにこう教えてくれるだろう。

「ウェイターは自分でステーキを焼くわけではないのだから、焼き具合を加減できるわけがない」

「もし仮に、彼だけに責任があるとしても、腹を立ててみたところでどうなるわけでもない」

「あなたが、ウェイターに腹を立てて抗議などしようものなら、そのためにあなたは自分の品位を落とし、良識ある人々の目には愚かしくみえ、相手を不愉快にさせ、それでいてステーキの味はちっともよくならないのだ」と。

こうして理性の女神に相談すると（女神は手数料など要求しない）、この次もう一度焼き過ぎのステーキを出されても、あなたは腹を立ててウェイターに八つ当たりなどせず、丁寧な口調で別のステーキをもってくるように命ずるだろう。

このほうが得であることは言うまでもあるまい。

生活信条を形成したり、修正したり、あるいは実際にそれを実行に移したりする際に、書物は大いに助けとなるだろう。

前章で私はマルクス・アウレリウスとエピクテトスの名前を挙げた。もちろん、もっとよく知られた人の作品も思いつく。ブレーズ・パスカル（2）やジャン・ド・ラ・ブリュイエール（3）、ラルフ・ウォルドー・エマーソン（4）の名前を挙げてもよかろう。私の場合、旅行に出るときは必ずマルクス・アウレリウスの本をもっていくことにしている。

確かに本は価値がある。が、しかし、本さえ読めば、それでもう最近やったこと、これからやろうとしていることを、毎日きちんと率直かつ正直に検討しなくてもいいということにはならない——**いくら本を読んでも、やはり自分をしっかり見つめることは必要である**（自分を見つめるというのは、はなはだ狼狽させられる作業ではあるが）。

では、この大切な作業はいつ行なうのがよいか。

1人で帰る通勤電車の中などは、なかなかこれに適しているのではないかと思う。一所懸命その日の糧を稼いだあとなどは、自然と自分を振り返って考えてみようという気になるものだ。

もちろんあなたが、この基本的で非常に重要な作業の代わりに、新聞を読むほうを選んだとしても、それはそれで結構である（新聞は夕食を待つ間にも読めるとは思うのだが)。

ただし、1日のうちいつかは時間を割いて、ぜひとも内省の習慣を実行していただきたい。

さて、次章では夜の時間について述べることにしよう。

(1) くびき　1頭ないしは複数の牛馬の首にかけて、自由を奪う横木のこと。転じて、束縛することのたとえ。
(2) ブレーズ・パスカル　1623—62。フランスの数学者、物理学者、哲学者。死後、「キリスト教の弁証論」の草稿が友人の手でまとめられ、彼の代表作『パンセ』となる。
(3) ジャン・ド・ラ・ブリュイエール　1645—96。フランスのモラリスト。その主著『人さまざま』の中で、冷徹な目をもって、絶対主義時代の宮廷生活や貴族の動向を簡潔な文体で生き生きと描きだして評判を呼び、同著は版を重ねるごとに増補した。
(4) ラルフ・ウォルドー・エマーソン　1803—82。アメリカの詩人、思想家。神と自然・人間の究極的合一を説き、自然は神の意志の反映であり、人間はそれぞれ自己の「内なる光」を通して神の示す真理に到達できるとした。その楽天主義・個人主義は、発展途上にあった若々しいアメリカ社会に大きな影響を及ぼした。主著『自然論』。

第9章

「知的エネルギー」は
どうやって生まれてくるのか

毎日をただ「何となく」過ごしている人の悲劇

毎日の夜の長い時間帯を、終始何をするでもなく、何となく過ごしてしまう人が結構大勢いる。これは彼らが、夜の時間は漫然とダラダラ過ごすか、さもなくば文学の研究をして過ごすか、２つにひとつの過ごし方しか選択の余地がなく、たまたま文学趣味のない自分は前者を選ぶしかないのだ、と考えているからではないか。

これは、たいへんな考え違いというものである。

もちろん、書物の助けなくして、何かを正確に学ぶことはできない。少なくとも、非常に困難なことである。

しかし、たとえばブリッジやヨットの操縦法についてもっと詳しく知りたいと思った時、文学に対する興味がないからといって、それらに関する最良の書物を読めないということはあるまい。

したがって、**文学書と、それ以外の書物とは、はっきり区別しておかなければなら**

ない。

文学に関しては、のちに適切な箇所で触れるとして、ここで私がまず述べたいのは、今までに一度もジョージ・メレディス（1）の作品を読んだことがなくても、あるいは、スティーブン・フィリップス（2）はまことの詩人かどうかという議論にまったく関心がなかったとしても、それはそれで一向にかまわないということである。別に文学が好きでなくとも、それは罪悪でもなければ、馬鹿の証拠でもない。

充実した一瞬を生きるということ

人間精神を大いに陶冶《とうや》するものは、何も文学に限らない。ほかにも数多くある。たとえば、今私の頭には、プロムナード・コンサート（3）のことが思い浮かんだ。あなたはコンサートに出かけ、葉巻かタバコをくゆらせながら音楽を楽しむ。なのにあなたは、

「自分はピアノやバイオリンはおろか、バンジョーだって弾けない、音楽のことは何もわからない」

とおっしゃる。

それがどうだというのだろう。「あなたが音楽を本当によくわかっていらっしゃる」ということは、「あなたやそのお仲間で会場を満員にするために、指揮者はプログラムに選りすぐりのよい作品を並べなければならない」という事実で、立派に証明されている。

「乙女の祈り」をピアノで弾けないからといって、あなたが週に2晩は聴きに行っているオーケストラの編成に、2カ月で精通できないなどということはない。

ただ、今のところあなたは、「オーケストラとは、種類の違う多くの楽器の集まりで、たくさんの音が重なりあって美しい調べをつくりだしているものだ」といった程度にしか理解できていないだろう。

細部まで聴きわけられるように耳を訓練したことがないのだから、そこまではできなくても当然だ。

あるいはまた、交響曲第五番「運命」の冒頭の主施律を演奏する楽器名を挙げよと言われても、あなたはひとつも挙げられないであろう。それでもあなたは「運命」が大好きなのだ。これまで聴くたびに胸をおどらせたし、これからもそうだろう。大切な友人に向かって、この曲について熱っぽく語ったことすらある。

それでもあなたが「運命」についてはっきり知っていると断言できることといえば、ベートーベンによる作曲で、「とても素晴らしい曲」だということぐらいなのである。

しかし、たとえばヘンリー・エドワード・クレイビール（4）の『音楽鑑賞法』（これはどこの本屋でも入手でき、値段はアルハンブラ劇場（5）の1階1等席よりも安い。そして、オーケストラ用のすべての楽器の写真と、その配置図が載っている）を読んでからプロムナード・コンサートに出かけると、以前とは驚くほど興味の度合いが違っていることに驚かれると思う。

雑多な楽器の集まりとしてではなく、オーケストラの真の姿がわかってくる。さまざまな楽器にわかれた楽団員が、それぞれに異なった欠くべからざる役割を果たしながら、それでいて一糸乱れぬ統一のとれた組織体であることがわかってくる。

あなたは楽器を識別し、それぞれの音色に耳を傾けることだろう。フレンチ・ホルンとイングリッシュ・ホルンの大きな違いがわかるだろうし、バイオリンとオーボエではバイオリンのほうが演奏が難しいのに、どうしてオーボエ奏者のほうが演奏料が高いのかもわかるだろう。

以前はプロムナード・コンサートに出かけていっても、ただ恍惚となっているだけで、キラキラ輝くものを見つめている赤ん坊のようなものだった。でも今や、同じコンサートを聴きながら、本当に充実した一瞬を生きていることになるのである。

こうなったら、音楽に関する本物の系統だった知識を身につける基礎がおかれたと言ってもよいはずだ。あなたは音楽のある形式（たとえば交響曲）、あるいは特定の作曲家の作品をとくに詳しく調べるようになるかもしれない。

毎週3晩ずつ、ちょっとした時間をプログラムの研究に割き、だんだん深くなった知識をもとに選んだコンサートに通っていれば、1年後には、相変わらずピアノで「乙女の祈り」を調子っぱずれにすら弾けないとしても、音楽について本当に何かがわかってくるはずである。

「だが、私は音楽が嫌いだ」

とあなたはおっしゃるかもしれない。それも結構。

音楽に関していえることは、芸術についても当てはまるのである。

音楽以外の芸術について、生きた系統的な知識を身につける手始めとしては（ほんの入門書であるが）、クレアモント・ウィット(6)の『絵画の見方』とかラッセル・スタージス(7)の『建築物の見方』を挙げておこう。こうした分野の芸術を研究するための資料はロンドンに山ほどある。

「私は芸術はみな好かぬ」

とおっしゃるかもしれない。それも、ごもっとも。

文学のことに話を移す前に、次章でそういうあなたの場合を取り上げることにする。

(1) ジョージ・メレディス　1828―1909。イギリスの詩人、小説家。鋭い心理解剖と詩的で難解な表現にみちた作風で「喜劇精神」とロマン主義が結合した作品を書き、夏目漱石にも影響を与えた。小説『十字路邸のダイアナ』、詩『近代の恋』。

(2) スティーブン・フィリップス　1868―1915。イギリスの詩人、劇作家。F・R・ベンソン主宰の演劇協会に参加。戯曲に『ユリシーズ』『ネロ』。

(3) プロムナード・コンサート　遊歩したり立ちながら聴く音楽会。野外音楽会など。

(4) ヘンリー・エドワード・クレイビール　1854―1923。アメリカの音楽評論家。

(5) アルハンブラ劇場　ロンドンのミュージック・ホールで、この種の劇場では当時ヨーロッパ随一の規模を誇った。

(6) クレアモント・ウィット　1872―1952。アート・コレクター。英国美術収集基金を共同で創設、のちに初代会長を務める。

(7) ラッセル・スタージス　1836―1909。アメリカの建築家、美術評論家。ミュンヘンで建築を学び、帰国して建築事務所を設けた。

第10章

「原因と結果の法則」を頭に入れる

あらゆることの「原因と結果」を頭の中に入れておく

芸術は確かに偉大なものにはちがいないが、あらゆるものの中で最も偉大なものというわけではない。

われわれが認識しておかなければいけないことはいろいろあるが、中でも最も大切なのは、**物事の原因と結果を絶えず頭に入れておくことである。言いかえれば、世の中の有為転変の姿を認識することであり、さらに言うなら、物事が継起するその実相を知ること**である。

原因なくしては何事も起こり得ないのだという大切な真理を、頭の中に完全にたたき込んでおけば、歳を経るにつれて寛容になれるばかりでなく、思いやり深くもなれるのである。

たとえば時計を盗まれるというのは辛いことだが、よく考えてみれば、それは「盗んだ側にも相応の経済的事情があり、やむを得なかったのかもしれない」という理屈で納得がいき、興味深くもある原因によって生じたことであるとわかる。すると、「喜んで」とまではいかないにしても、「とにかく仕方あるまい」と達観した気持ちで新しい時計を買えるだろう。

多くの人は、人生で今まで経験したことのない奇異な事態に新たに直面すると、必ずショックを受けたり傷ついたりするものだ。しかし、物事の原因と結果に深く思いをめぐらせていれば、愚かな精神状態におちいらなくてもすむようになるはずである。

そういった人たちにとって、周囲にいる人の人間性は、いわば、見たことも聞いたこともない奇異な風習に満ち満ちた異国の土地のようなものだ。しかしながら、人は成熟すれば、異国の土地で異邦人のままでいることが恥ずかしくなるに決まっている。

人生の限りない豊かさを汲みとる力

物事の原因と結果に深く思いをめぐらせていれば、人生の苦悩は減り、他方、人生はより味わい深く、豊かなものとなる。

物事の展開に因果の連鎖を見ない者は、海ですら大仕掛けで単調な見せ物にしか見えない。

しかし、物事は原因と結果の絶えざる継起によって展開するのだという考えが浸透している人間は、海を見てその基本的構成要素を知覚する。すなわち地質学的観点に立ち、「一昨日は蒸気で、昨日は沸騰し、明日は氷になる」という必然の要素を理解するのである。

原因と結果に思いを寄せる人間は、液体とは固体になる過程にあるものに過ぎないということを知覚する。そしてそこから、有為転変する人生の限りない豊かさに対する認識へと到達できる。

そして**絶えず自己を磨くことによって得たこのような真の洞察力ほど、人に恒久的な満足感を与えるものはない。**これこそ科学の目的であるといえよう。

原因と結果は、至るところに見出せる。

たとえば、シェパッズ・ブッシュ街（1）の家賃が上がったとしよう。しかし、なぜそうなったか？　その原因と結果は、ある程度までなら、誰だって筋道を通して考えればわかることである。

料金2ペンス（訳注：1ペンスは100分の1ポンド）の地下鉄のおかげで、シェパッズ・ブッシュ街で供給が追いつかないくらい小住宅の需要が急増し、それが原因となって家賃が上昇したことくらい、すぐにわからない者もいまい。

「簡単なことだ」

とあなたはちょっと小馬鹿にしたようにおっしゃるかもしれないが、すべての物事——森羅万象の複雑な展開もすべて——も、これと同様、簡単なことなのである。

この世に退屈なものなどない

さて、あなたがたまたま不動産屋の社員であるとしよう。芸術など大嫌いで、不滅の魂を得たいと望んでおり、自分の本業は退屈だからといって興味を抱けないでいるとする。

しかし、人生には退屈なものなどないのだ。

変化に富んだ限りなく豊かな人生は、素晴らしいことに不動産屋の事務所にもある。それは何も驚くに当たらない。つまりこういうことだ。

たとえば、オックスフォード通り(2)は交通が渋滞する。それで人々は渋滞を避けるために、地下鉄で通勤するようになった。その結果シェパッズ・ブッシュ街の家賃が上がった——これが事実である。

実に興味深いことではないだろうか。このような興味をもって、毎晩1時間半くらいずつロンドンの不動産問題を研究してみてほしい。そうすれば、今やっている仕事がますますおもしろくなって、やる気が増し、生活全体が変わってくると思う。

こんな簡単な問題ではなく、もっと複雑な問題に直面することもあるだろう。たとえば、ロンドンでは、まっすぐな通りは最も長いものでも1ヤード半くらいしかつづかないが、パリでは完全に直線の通りが何マイルにもわたって延びているのはどうしてか?

これだって原因と結果の当然の帰結として、うまく説明することができると思う。何も私は、自分の理屈を説明するのに都合がいいから不動産屋の社員の例を引いたのではない。これはわかっていただけるだろう。

では、今度はあなたが銀行員だとしよう。それなのにウォルター・バジョット(3)のあの息もつかせぬ物語(科学的な研究のような体裁をとっているが)『ロンバード街』をまだ読んでいないとする。

ともかくこの本のページをひらき、ひと晩おきに90分ずつ読み進めてみてほしい。自分の仕事がおもしろくて仕方がなくなり、人間性の機微が実によくわかるようになるであろう。

あなたは「街に閉じこめられている」が、田舎へ出かけていって自然の生態を観察するのが大好きだとしよう——確かにこれは、心が豊かになる気晴らしである。

では、夜、部屋ばきをつっかけたまま、虫取り網を持って家の外の一番近くにある街燈のところへ行き、そのまわりを飛びかっている平凡な、あるいは珍しい蛾の生態を観察してみるのはどうだろうか。

そして、**そうやって得た知識をまとめ、自分なりにひとつの系統だった説を構築してみる**のである。

そうすれば、最後には、何らかの知識を確実に身につけることができると思う。

美術や音楽や文学に打ち込まなくとも、本当に充実した生活を送ることはできる。

人生とはすなわち好奇心であり、この好奇心を満たすものは日常の習慣や生活の場にあふれている。

そして、好奇心を満たすということは、「ものをわかる心をもつ」ということにほかならない。

私は、あなたのように文学や美術の嫌いな人の場合を取り上げると約束して、今それを果たした。

さて、では「読書の好きな人」（幸いなことにこのような人は決して少なくない）の場合に話を移すことにしよう。

（1）シェパッズ・ブッシュ街　ハマースミス・ブロードウェイからブルック・グリーン・ロードで北上したところにあるロンドンの住宅街。

（2）オックスフォード通り　ソーホー北にある大通り。

（3）ウォルター・バジョット　1826―77。イギリスの政治学者、経済学者、ジャーナリスト。『ロンバード街』では、銀行が果たす経済機能の法則を解明。

第11章

読書好きなあなたへ
——人生に大きな「利息」を生むアドバイス

もっとも効果的な読書法

小説は「思考を要する読書」には入らない。したがって、自分の精神を磨こうと、週3回90分ずつ、チャールズ・ディケンズ（1）の作品を徹底的に研究しようと決意した人は、その計画を変更したほうが賢明だろう。

というのも、小説が読むのに思考を要しない、つまらないものだからというわけではない——世界で最高の文学作品のいくつかは小説である。

そうではなく、出来の悪い小説は当然読むべきではないが、反対に素晴らしい小説というのは、一所懸命頭を使って読まなければ中身がわからないようなものではないからである。

メレディスの小説で、必死になって考えなければ読めないような箇所は、それは出来の悪い部分なのだ。

よい小説というのは、小舟に乗って急流を下るがごとく、最後まで息もつかせずどんどん読み進められるものだ。それでいて少しも疲れることがない。最高の小説とは、少しの努力感もなしに読めるもののことだ。

「優れた詩を読む」ことで得られるもの

精神を陶冶《とうや》する際の最も重要な要素のひとつは、まさにこの努力感なのである。一方ではやり遂げたいと思い、他方ではやりたくないと思う、心の中の葛藤が大事なのである。

よい小説を読むときには、こういう葛藤はまず起こらない。レフ・トルストイの『アンナ・カレーニナ』を読むために、歯をくいしばって努力する者はいまい。したがって、小説は当然読んでもらっても構わないが、今ここで問題にしている90分間を使って読むべきではないのだ。

想像力豊かな詩を読むときには、小説を読む場合よりもはるかに頭を使うことが要求される。おそらく、あらゆる文学の中で一番意識的に頭を使わなければならないだろう。

詩は最も崇高な喜びを与えてくれると同時に、最も深い知識を授けてくれる。要するに、詩にまさるものはないということだ。ところが、残念なことに、大多数の人は詩を読まない。

ジョン・ミルトン(2)の『失楽園』を読むか? 真っ昼間にトラファルガー広場(3)をボロを着て物乞いしてまわるか? 2つにひとつを選べと言われたら、大衆の嘲笑の的になるという後者を選ぶ人が、優秀な人々の中にも大勢いるだろうと私は思っている。

それでも私は、友人であろうが敵であろうが、すべての人に対してこう勧めないではいられない。

「何よりもまず詩を読みなさい」

そしてもし詩が、あなたにとっていわゆる「内容不可解の書」であるなら、まず、ウィリアム・ハズリット(4)の「詩一般の本質」についての有名なエッセイを読んでみてもらいたい。これは、英語で書かれたこの種のエッセイの中で最もすぐれたものである。

ひとたびこのエッセイを読んだならば、「詩とは中世の拷問の道具である」とか、「狂暴な象である」とか、「ひとりでに発砲して40歩以内にいる人間を殺してしまう銃である」などといった、とんでもない馬鹿馬鹿しい誤解をすることはなくなるはずである。

実際、ハズリットのエッセイを読んで、次の食事の前に何か詩を読んでやろうという気の起こらないような人間がいるとは思われない。そのような人間の精神構造は、まったく私の理解の外にある。

このエッセイを読んで感激されたら、ぜひ物語詩から読まれることをお勧めする。

英国の女性作家の小説で、ジョージ・エリオット(5)やブロンテ姉妹(6)のどの作品よりもすぐれた、いやジェーン・オースティン(7)の作品にさえはるかにまさる作品がある。

題名を『オーロラ・リー』といい、作者はE・B・ブラウニング(8)という。たまたま韻文で書かれているが、本当に素晴らしい詩が至るところに見られる。

あなたには、この本を何とか読み上げるべく決意をしていただきたい。たとえそのために死んでもかまわない、というくらいの決意をもって読んでいただきたい。これが詩であることはいったん忘れ、ただ語られている内容、社会というもののとらえ方をまず読み取っていただきたい。

そして読み上げたら、胸に手を当てて、それでもまだ自分は詩が嫌いかどうか自問してもらいたい。

『オーロラ・リー』を読むことによって、自分は詩が嫌いだと思っていたのはまったくの間違いだったことに気づいた人を、私は一人ならず知っている。

もちろん、ハズリットを読み、ハズリットの教えるところに従って実際に詩を読んでみた結果、それでも詩が好きになれないというのであれば、歴史書か哲学書で満足してもらうしかない。

そのようなことであれば、私としてはまことに残念至極ではあるが、しかし、まったく救いがないわけではない。

『失楽園』と『ローマ帝国衰亡史』(9)では同日の談ではないが、後者もまたなかなかにおもしろい。

また、ハーバート・スペンサーは『第一原理』の中で、詩の言わんとすることなど一笑に付し、「自分がここに書いたことこそ人間精神の生みだした最も崇高なものである」と主張している。

私としては、今度初めて頭を使う読書をしてみようという人には、どちらの書物も勧められない。

しかし、人並みの知力をもった人なら誰でも、1年間読書をつづければ、歴史や哲学の最高傑作にも取り組めないことはない。

何であれ傑作というものの最大の長所は、驚くほどわかりやすく書かれているということなのだから。

「努力して読む」から、それはあなたの糧となる

手始めとして何を読むべきか、ここで具体的に書物の名前を挙げるつもりはない。それをしようとしても、残されたページ数では中途半端なアドバイスしかできないだろう。

ただ、2つの重要な一般的注意事項だけは述べておきたい。

ひとつは、**自分が努力を傾ける方向と範囲を限定しておくべきである**ということである。**ひとつの時代、あるいはひとつの主題、あるいは一人の作家を選ぶこと**である。たとえば、「フランス革命について勉強しよう」とか「鉄道の起源について調べよう」あるいは「ジョン・キーツ(10)の作品を研究しよう」という具合にするのである。

そして、「この時間はこの研究をやる」というようにあらかじめ決めておき、**その時間はそのことだけに集中する**のだ。自分があることの専門家であるというのは、実に気分のいいものである。

2つめは、**よく読むと同時によく考えよ**ということである。

多くの本を読みながら、そのことがバターつきパンを切るのと同じ程度にしか、その人の人間性にプラスになっていない例を私は知っている。彼らが読書にふけるのは、酒好きが飲酒にふけるのと変わりがない。文学という国を、ただ動きまわることだけを目的に、車で走りまわっているに過ぎない。

そのような人間は、1年に何冊読んだかということだけを、やたらと吹聴したがるものだ。

自分が読んだものについて、少なくとも45分くらいかけて、注意深く、しんどくなるくらいに反芻《はんすう》してみないなら（最初のうちはおそろしく退屈なものだが）、せっかくの夜の90分も無駄に費やされたのだといっても過言ではあるまい。

読書は要するに、**どんどん先へ読み進めてはいけない**のである。

時間がかかることなど、気にすることはない。

終着点のことは忘れるのだ。現在自分のいる周囲の景色のことだけに注意を払えばよい。

そうすれば、おそらく予想もしないような時に突然、あなたは丘の上の美しい町に到着しているだろう。

(1) チャールズ・ディケンズ　1812—70。イギリス・ヴィクトリア朝の代表的小説家。ときおりユーモアをまじえながらもペーソスのこもった文体は、ひしひしと読む者の心に迫り、その社会悪に対する憤りは、人間的な共感を与える。『ピクウィック・クラブ』『クリスマス・キャロル』『二都物語』『大いなる遺産』等。

(2) ジョン・ミルトン　1608—74。イギリスの詩人。宗教と芸術とを融合させた『失楽園』は、旧約聖書に現われる楽園喪失の物語を主題とした一大叙事詩。

(3) トラファルガー広場　ネルソン提督のトラファルガー沖海戦を記念して名づけられた。付近には官庁、博物館、劇場が集まり、ロンドンの一中心地となっている。

(4) ウィリアム・ハズリット　1778—1830。イギリス・ロマン主義批評を代表する評論家、随筆家。鋭い洞察力に裏打ちされた評論はコールリッジと並び称される。評論

『シェークスピア劇人物論』、随筆集『卓上談話』。

(5) ジョージ・エリオット　1819—80。イギリスの女流小説家。キリスト教倫理観に基づいてユーモアとペーソスをもって生活を描いた。克明な心理分析と美しい田園描写で独自の文学を打ち立て、英文学に一時代を画した。主著『ミドル・マーチ』『牧師館物語』『フロス河畔の水車小屋』。

(6) ブロンテ姉妹　ともにイギリスの女流小説家、詩人。

姉(三女) シャーロット、1816—55。情熱的な孤児を女主人公にした『ジェーン・エア』で一躍世に認められた。

妹(四女) エミリー、1818—48。唯一の小説『嵐が丘』は情熱と奔放な想像力と強い迫力を有した作品で、英文学史上の傑作といわれるが、それが評価されたのは死後のことである。

(7) ジェーン・オースティン　1775—1817。イギリスの女流小説家。平穏な日常生活を的確な性格描写をもって描いた。主著『高慢と偏見』『エマ』『分別と多感』。とくに前二者は伝統的イギリス小説の代表的作品とされている。

(8) E・B・ブラウニング　1806―61。イギリスの女流詩人。年少の時から詩作し、美しく豊かな叙情をたたえた詩が多い。とくに、ヴィクトリア朝の代表的詩人でもあった夫、ロバートとの愛をうたい上げた『ポルトガル語からのソネット』が有名。

(9)『ローマ帝国衰亡史』　イギリスの古代史家エドワード・ギボン（1737―94）の名著。2世紀のローマ帝国の最盛期から15世紀の東ローマ帝国の滅亡までが記述されている。

(10) ジョン・キーツ　1795―1821。バイロン、シェリーと並ぶイギリス・ロマン派第2期の詩人。繊細な感受性と豊麗な想像力に富む。『夜鶯によせる歌』『オーツ』『つれなき美女』『聖アグネス祭の前夜』。

第12章

財布には
まっさらな24時間が
ぎっしりと詰まっている

時間の価値を知ったあなたにも、待ち受けている危険

本当に充実して毎日を生きるという大きな目的のために、いかに時間を活用すべきかというヒントを、ここまでいくつか述べてきたが、説明がついつい教訓的になりすぎたり、そっけなさすぎたりしてはいないかと心配している。

最後に、真剣に人生を生きようとしている人たちを待ち受けているいくつかの危険について、少しばかりどうしても触れておかなければならない。

ユーモアのセンスに欠けた「物知り顔」の人間にならない

ひとつは、本書に書いてあることを忠実に実践しようとすると、あなたが**非常に鼻持ちならなくて我慢のならない人間——物知り顔の人間——になってしまいかねない**

という忌わしい危険である。

物知り顔の人間とは、「自分は高尚な知識を身につけているのだ」と、何かにつけてひけらかす、お高くとまった人間のことだ。

こういう思い上がった愚か者は、まるでそれが儀式か何かででもあるかのように、真面目くさった顔をして外を歩きまわる。そのくせ、儀式に一番欠かせない衣裳を身につけていないことに気づかない——すなわち、**ユーモアのセンスに欠けていること**に思い至らないのだ。

鼻持ちならないことに、こういう人間は自分が何かを発見すると、それにいたく感激し、世間の人間もすべて自分と同じように感激しないと機嫌が悪くなる。人は自分でも気づかないうちに、ついついどうしても、こういう人間になってしまいやすいものなのである。

そこで、時間を1分も無駄にせず、すべて活用しようとするとき、肝に銘じておくべきことは、**活用するのは「自分の時間」なのであって、他人の時間ではないという**

ことだ。

あなたが時間という予算をバランスよく配分する前から、地球はずっと順調に回転しつづけている。時間の大蔵大臣という新しい任務を立派に果たそうが果たすまいが、そんなことにはおかまいなく地球は順調に回転しつづけてきたのである。

だからあなたは、**自分のしていることなど、あまり大げさに他人にしゃべらないほうがよいだろう。**

世間では、それと気づいていながら毎日膨大な時間が無駄にされており、したがって、大多数の人間は本当に充実した人生を送っていない。

しかし、そうした悲しむべき事実を、大声で言いたててもどうにもならないのだ。所詮、**人はそれぞれ自分で自分の人生について真剣に考えない限り、本来成し得ることも成し得ない**のであるから。

「計画の奴隷」になってはいけない

2つめの危険は、**自分で計画したことに奴隷のように縛られてしまうこと**である。

計画に引きずりまわされてはならない。**計画したことは尊重しなければならないが、盲目的にあがめたてまつるようなものではない。**日々の行動計画は信仰の対象ではないのだ。

これはわかりきったことのように思われるのだが、そのわかりきったことがわからないばかりに、自分で自分の生き方が重荷になっている人がいる。

自分にとってばかりではなく、家族や友人にとってもやりきれない重荷になっている人が、実際にいるのだ。

犠牲となっている妻が、こう悲痛に訴えるのを聞いたことがある。

「本当にもう、アーサーときたら、どうしようもないのよ。毎日8時きっかりに犬を散歩につれていき、9時15分前には必ず本を読み始めるの。一緒に何かをやるなんて、まったく問題外なのよ……」

等々。

この悲痛な訴えにこめられている、「どうしようもない」という響きには、一人の人間のそれと気づかれていないこっけいな悲劇が表わされている。

他方、計画はあくまで計画に過ぎず、もしこれを尊重しないならば、単なる貧しい冗談で終わってしまう。**自分の計画したことに然るべき重きをおくこと、つまり、尊重しすぎることもなく、おろそかにすることもなく、中庸を心得て生きることは、経験のない者が考えるほど簡単なことではない。**

しかし、あなたはそれを目指さなくてはならないのだ。

自分の心の中に「牢獄」をつくらない

第三の危険は、**あまりに欲ばった計画を立てすぎて、次にやることばかり気になっ**

て落ち着いて何かに取り組めなくなってしまうことである。

こうなってしまうと、刑務所で生活しているようなもので、自分の生活が自分のものでなくなってしまう。

先のアーサーのように、8時に犬を散歩につれだすと、その間じゅう、9時15分前には本を読みはじめなければならない、遅れてはならないと、次々と先にやることばかり気になってしまうのである。

ときどき意識的に自分の計画を狂わせてみても、それは事態改善の一助とはならないだろう。まずいのは、自分の計画したことを何が何でもきちんとやり通そうとすることではない。はじめから、あまりに盛り沢山の欲ばった計画を立てたことなのである。

唯一の改善策は、**計画を立て直し、もっと余裕のある計画にすること**だ。

しかしながら、知識欲というのは、知識が増えれば増えるほど大きくなっていくものである。だからいつも何かにせきたてられているかのように、息つく暇もなく努力していないと気がすまない、という人もいる。

そのような人には、「いつも居眠りばかりしているよりは、そのほうがまだましだ」とだけ言っておこう。

とにかく、計画したことが重荷になるような傾向が現われ、それでも「その計画をどうしても変更したくない」というのなら、ひとつの日課から他の日課へわざと時間をかけてゆっくりと移ることが、結構いい一時しのぎになる。

たとえば、犬の散歩から帰ってきて本を開くまでの間、5分間くらいは何も考えずぼんやり過ごすのだ。言いかえるなら、時間を無駄にしていると充分意識しつつ、5分間を無駄に過ごすのである。

かけがえのない「向上の芽」を大切に育てる

最後に、一番重大な危険として指摘しておきたいのは、すでに触れておいたことだが、**計画の出だしでつまずいてしまうこと**だ。

私は、これを声を大にして強調しておきたい。出だしでつまずいてしまうと、**新しく芽生えた、何かを学ぼうとする欲求の芽も、一人前の若木に成長する前に簡単に枯れてしまう。**だから、そうならないように細心の注意を払わなければならない。

欲求の芽に対して、あまり負担をかけすぎてはならない。最初の1周目は、馬鹿らしいくらいにゆっくりしたペースで回ることにしよう。

しかし、できるかぎり規則的にそれをつづけるのだ。

筆をおくにあたって最後に、次のことを付け加えておきたい。

それは、夜の時間帯を利用して何かをやる際、まず「自分の好みにあった、心の底からやりたいと思うこと」から始めなさい、ということである。

哲学に関する生き字引になるのも結構なことだが、たまたま哲学が好きではなく、行商人の呼び声の変遷史に関心があるなら、哲学はやめてそちらのほうに取り組むほうがはるかにいい。

（了）

訳者解説

渡部昇一

知的生活技術の秘密を明かす

ここでは、さらに本書を生かすため、著者アーノルド・ベネットについて少し詳しく述べてみたい。

アーノルド・ベネットは、多くの文学批評家によって、イギリスが生んだ20世紀最大の小説家と言われており、その評価はほとんど定まった感がある。したがって、彼の著作目録その他は英文学史および英文学辞典の類いのどこにでも出ているので、ここではわれわれに関係のあるところだけに触れることにする。

ベネットは大小説家であるという評価があるにもかかわらず、一部の批評家あるいはかなり多くの人々によって、いかがわしく思われている面もあり、中にはこれを、女流作家ヴァージニア・ウルフとの対比において否定するという批評家もあった。

それはどういうことかというと、ベネットはとにかく空前と言ってもいいくらいの多作な作家であったのである。多作がいかがわしいということは当然考えられることであって、書いたものの中には確かに、「書かなかったほうがよかったのに」と愛読者が思うものも混じっていたのかもしれない。また、多作であるがゆえに、質も下がっているだろうという先入的な偏見もある。

それからまた、ベネットのライフ・スタイルが非常に豪奢《ごうしゃ》であり、しかも彼は自分の富を隠そうとしなかったために、俗物という偏見を多くの人に与えた点も否めない。

彼はまた、多くの教訓的な書物も書いている。小説家が教訓的な本を書くということは、後世のある種の批評家たち、特に高踏的なポーズをとる批評家には、はなはだしくマイナスと受け取られやすいのである。

たとえば日本においても、幸田露伴《こうだろはん》は『努力論』とか『修省論』など、人間の自己改善のための指針となるような本や記事をいくつか書いているが、これはのちの批評家によって、露伴の評価をいちじるしく下げるために使われたこともしばしばあった。そして、「こんなものを書いてくれなければよかったのに」という嘆きもときどき見かけるのである。

しかし公平に考えて、露伴という人物が偉大だったとして、なぜそのように偉大になれたかは、彼の『努力論』や『修省論』を読むとはじめて納得のいくところがあるし、そこに述べられた処世訓が単なるお説教でないことぐらいは、偏見なく読めばすぐわかることだ。

また、それ自体が非常な傑作であって、多くの人間に、人生や文学に対する深い考察や、哲学的、あるいは宗教的な思索をうながすものであることも確かである。

高踏的な批評家の目から見れば、通俗という概念につながりやすいのかもしれないが、正直にいって、フィクションだけで人間を評価し、フィクション以外はみな通俗というのは、ひとつの迷信的な考え方であるという見方も成り立ち得るであろう。

したがってベネットの場合も、彼に与えられてきた悪口、マイナスの評価その他はすべて、彼の小説がつまらないからという理由ではなくて、彼が教訓的なこと、通俗的なこと、人生訓的なことを語ったという理由による場合が多いのである。そのために、ベネットが何となく俗物という評価が日本でも広く伝わっているのではないだろうか。

しかしベネットは、伝記を見れば一見して明らかなように、彼自身、人から学ぶことを躊躇しなかった人であり、そしてしかも、学んだりヒントを受けた事実を隠さない稀な人でもあった。そして自分によかったことを正直に語る勇気と、またそれを好むという性質があった。

したがって、ベネットの忠告あるいは若い人に向けて書いたようなものは、これを虚心坦懐に見れば、きわめて雄弁にベネットという大小説家の生活の技術秘密を説き明かしてくれているのである。

ベネットに対する評価を下げた最大の理由は、その後の批評においては「芸術のための芸術」「文学のための文学」といったような傾向が強く、それが高級だという考え方が一般であったためだろうと思われる。

G・S・フレイザーは、『現代の英文学』（*The Modern Writer and His World*）の中で、ベネットが20世紀最大の英国小説家の一人であり、その『二人の女の物語』が20世紀最大の英語小説（最大のひとつではなく、まさに最大の）であるという評価があることを認めながらも、彼に芸術作品よりももっと軽いものをどんどん書く才能があったことや、彼が有名になったり豊かになったりしたことがマイナスであったと考え、彼のためにそれを惜しむというような語調さえ見られるのである。

また、『イギリス文壇史』（*The Rise and Fall of The Man of Letters*, 橋口稔・高見幸郎訳、みすず書房）を書いたジョン・グロスは、ベネットが「計画的につまらないベストセラーを次々につくって金もうけの才能にひきずられたという事実は無視するわけにはいかない」と批判し、初期のベネットのジャーナリズムの仕事を見て、「数年を出でずして中くらいの娯楽作家に堕するものだと考えただろう」というような予測があったと述べながらも、ベネットは結局、「彼のことをやかましく非難した人たちのとうてい及ばないような活力をもち、大作品を書き、しかもこまやかさをもつ批評をたくさん書いた」ことも認めているのである。

さらに、一般的にアカデミズムの中においてベネットの評価が比較的低かった理由は、彼自身が書いた文学批評が、学者たちが書いたものに対して厳しかったからである。

作家であると同時にすぐれた批評家でもあったベネットは、当時の有名な文学者たちの批評を物の数に入らないというふうに取り扱った。よってアカデミズムの伝統は、彼に復讐したのだと言えるだろう。しかもベネットは、アカデミックな立場からいえばまことに非難しやすい面ももっていたわけで、「自分の銀行預金を正当化するのに忙しすぎると思われた」というような言い方もあり得たのである。

もちろん実際は、第一次世界大戦中にビーバーブルック卿のもとで働きながらも、戦後数年してから、彼がそれまでにつくりあげたどの作品にも負けないような高度な芸術性をもつ作品を再び発表しているという具合に、とにかくひと筋縄ではいかないということは示していた。

が、なんといっても今では、批評界はベネットに対して風当たりが強かったと言っていいであろう。

人間形成のきっかけをつかむ

しかし、これを根本的に再評価する書物が、１９７４年に出た。それは、マーガレット・ドラブル（Margaret Drabble）による、決定的ともいえるベネットの評伝、４００ページに近い堂々たる評伝である。

マーガレット・ドラブルは１９３９年に生まれ、ケンブリッジ大学の英文科を特別優秀成績で卒業、その後20年間に９つの長編を書いた、代表的なイギリスの女流作家である。

彼女は、母親の家族がベネットと同じ出身地だったこともあって、子供の時からベネットの著作をよく読んでいたらしい。そして何度も何度も読んだ結果、結局ベネットの小説は、他の小説家の及びがたい高さに達したものではなかろうかという確信をますます深め、この大作ともいえる伝記を書くに至ったのであった。

ベネットの評価もそろそろ定まったころに書かれたこの伝記は、それが自ら長編作家の体験をもつきわめて頭脳鋭敏な女性によって書かれたものであり、しかも彼女がベネットに共感をもっていたということもあって、まことにすぐれた作品になっている。

おそらくこれによってベネットは再評価され、その評価は不動のものとなったと考えてよいだろう。

また、日本における参考資料についていえば、すでに1934年(昭和9年)に、西村稠著『ベネット』(研究社英米文学評伝叢書第七十七巻、復刻版・1980年同社刊)、が出ていて、これには著作年表その他、伝記的なことはすべて載っている。しかも西村氏はベネットの作品の多くを精読しており、信頼できる伝記であろう。

たとえば、同氏は『二人の女の物語』の読後の感想を次のように述べている。

「同じ町に住んで居て物質生活の上では多少の交渉を有しながら、精神的には平生全く没交渉に過して居る酒屋や呉服店の奥には人知れぬ幾多の喜劇や悲劇や英雄的行為が行はれつつある世界が横たはることに此の小説は目を開けて呉れたことを覚え、或日の夕暮などは街上を行く時に店の一軒々々に立ちどまって其の内部の神秘を覗いて

見たいやうな衝動に駆られたのであった」（同書66ページ）

けだしベネットの作品の読後に残る詠嘆的な気分を最もよく示している一文であろう。

さてここで、資料的には西村氏のものおよびドラブルの最近の評伝を参考としながら、ベネットの背景からベネットの生き方、および彼自身の『自分の時間』についても考えてみたいと思う。

ベネットは１８６７年、イギリスの陶器製造地帯に、夭逝《ようせい》した3人の兄弟も含めれば、９人兄弟の長男として生まれた。日本でいえば、瀬戸のようなところであろうか。

１８６７年は慶応3年、つまり日本では王政復古の号令が出た年であって、ベネットは幸田露伴および夏目漱石と同じ年に生まれているわけである。そして１９３１年、64歳で亡くなったが、これは別の言葉でいえば、露伴、漱石と同年に生まれ、漱石より15歳年上で、露伴より16歳年下で亡くなったと考えればよいだろう。

ベネットの祖父および彼の父はいずれも陶工であり、また店ももっていた。宗教はメソジスト（プロテスタントの一派）で、日曜学校などでも教えていたようである。彼の父は次男であり、陶工をやったり、のちには反物商をやったり、あるいは質屋の質流れ品を扱ったりしており、アーノルドが生まれた時の生活は貧しかった。彼が生まれた通りは「希望通り（ホープ・ストリート）」といったけれども、希望とははなはだ遠いような状況であった。

彼の母親の家系はもともと農家であったが、彼女は夫が厳格で専制君主的なのを容認し、威張らせておくような、しかもきわめて勤勉な、かつての日本の田舎にもよくいたタイプの婦人だったようである。

ベネットの父親はきわめて向上心の強い人で、そのように貧しい手の職につきながらも大いに勉強して、ついに事務弁護士（ソリスター）の資格を得たのであった。

そしてベネットが子供の時に、それまでの長屋のような通りから、その田舎町の高級住宅地に一戸建ての家を建ててそこに移転した。その時のことを彼はのちになってても非常によく覚えていた。彼は子供心にも自分の家が建つ時、その家のつくられる様子を実に感動的に見ていたようである。この体験は後々まで彼に非常に大きな影響を及ぼした。

というのは、彼は、煉瓦だとか石膏だとかそういう物質的なものが運び込まれ、地下室のための穴が掘られ、そして家が建つ、そのプロセスをはじめて見たのである。そのために、その後小説を書くようになってからも、彼は小説を扱う際に、決して物質的なところをおろそかにしなかった。


しかし、こうした彼の傾向を、たとえばヴァージニア・ウルフなどと比べると、高踏的な批評家はウルフの芸術性をベネットの上に置きたがるのである。

つまり、ヴィクトリア朝の中産階級であり代表的な大文人であったレズリー・スティーブン卿の娘であるヴァージニア・ウルフのように、大図書室をもっているような家に生まれた女性は、はじめから人間の魂すなわち心理だけにウエイトを置く。

一方ベネットの場合は、貧しい共同住宅から、親が勉強して弁護士になって大きな一戸建ての家を建てるまで、そのプロセスを体験した人間である。物質的な変化、あるいはその側面に対しても、全く無関心ではいられなかったであろう。

したがってある意味でいえば、ヴァージニア・ウルフの関心が心理だけだとしたら、ベネットは、もちろん心理の描写においてもウルフに劣るとは思えないが、同時に肉体をもった人間というものにも関心がこまやかに行きとどき、きわめて精密な描写をすることができたのだった。

父親は非常に厳格であったので、ベネットを生涯苦しめた吃音《きつおん》は、おそらくそれと関係があったといわれている。

そして彼はまた、家賃の取りたてなどをして父親の仕事を手伝っていたこともあり、のちに彼が登場人物を描くときには、必ずその人の性格のみならず、住んでいる家の構造など物質的側面にも関心が出たのであろう。

ベネットの生き方・私の考え方

アーノルド・ベネットの生涯を見るとき、その大きな特徴は、彼がはじめから小説家になろうとしたのではなく、そこには偶然といった要素が多かったことである。彼は父の手伝いをしていて、その跡を継ぐべく法律試験を受けたわけだが、驚いたことに彼はそれに合格しなかったのだ。

したがって学校は、いわゆる今日でいう大学教育や高等教育は受けず、地方のミドルスクールで終わった。日本の学校制度とは異なるので正確に対比することはできないけれども、ミドルスクールとはだいたい日本の旧制中学と考えていただければよいと思う。

彼がその地方の学校に入って、ひとつよかったのは、フランス語に対する興味をもつようになったことである。これは終生、彼の重要な教養の基礎となり、またインスピレーションのもととなるものであった。

さらにもうひとつ重要なことは、彼が速記を習ったことである。そして結局、この速記こそ、彼がロンドンに出るきっかけとなったのであった。

彼はピットマン式の速記を習い、１８８９年、22歳の時にロンドンの法律事務所に速記係として雇われた。速記がなければ、彼は田舎にとどまって父親の下働きをしていただろうから、速記が彼の世界を開く鍵になったと言ってもいいであろう。

当時、彼の速記の腕前は1分間に130語で、給料は、はじめ1週間に25シリング（＝1・25ポンド）、のちには年給200ポンドに昇給した。また、訴訟依頼人から役所に出す訴訟費用の計算など、なかなかうまかったそうである。

彼はこのロンドンでの生活の間に書物を集めたり、毎日何か1冊掘り出し物を探しだしたり、あるいはこのころになってやっと夢中になって読書をするというようなことを始めた。特にフランスのものに惹かれ、ギ・ド・モーパッサン、ゴンクール兄弟、ギュスターヴ・フローベル、オノレ・ド・バルザックを読み、またイワン・ツルゲーネフやフョードル・ドストエフスキー——これらはフランス語訳で読んだようであるが——をはじめ、大陸の文学の幅広い読書に没頭した。

また、そのころあったある雑誌の懸賞に応募して入賞したり、当時ハイブラウな文芸雑誌として有名だった『イエロー・ブック』に投書が採用されるということもあった。このころの彼は約2年間くらい、しばしば投稿した原稿を送り返されながらも、一所懸命に文章力に磨きをかけていたのである。2、3のパラグラフを書き換えたりするのに、ひと晩を費やすということもあったようだ。

その後もずっと彼は各種の新聞、雑誌に投稿をつづけていたが、1896年、すなわち29歳の時に法律事務所をやめて、当時ではやや進歩的な傾向のあった婦人雑誌『ウーマン』の編集部に勤め、それから次第にものを書くようになっていった。そして、その雑誌で彼は主筆（いわゆる編集長、編集責任者）にまでなった。

とどまるところを知らない創造エネルギー

1899年、32歳の時に、ベネットは富裕な友人に招かれて、彼の田舎の邸に行った。ベネットは、美しい自然に取り囲まれた広い邸宅をかまえたその友人の生活を見て、強い羨望の心を起こしたようである。

彼はそのころの日記に、「その友人のような田舎の大きな家に住んで、お手伝いさんや召使を使う身分になりたい。そしてあまり猛烈ではなく、気が向いた時に気分に適した方法で働きたいという願望を起こした」と書いている。この願望を、彼は将来実現することになるのである。

ベネットは父の死後、35歳の時にフランスへ渡った。そこで彼はフォンテンブローのあたりに居をかまえ、フランス婦人と結婚し、フランスの社交界、文人たちと交流するようになる。

そしてその間に、先ほど挙げた今世紀最大のイギリス小説と言われる『二人の女の物語』を完成した。それは、ベネット自身も傑作だと信じており、また世間の評価も文壇の評価も同様であった。

ベネットのおもしろいところは、そこでお高くとまらないで、依然として次から次へと軽い物、重い物、教訓物、それから舞台用の作品などを創作しつづけたことである。

この『二人の女の物語』を書く時は、実に彼の力はみなぎっていて、全編をきれいなペンマンシップで書き、その原稿を夫人への贈り物にしたというのである。この長編小説がほとんど1句も抹殺したり書きなおししたりされていないことは、実に信じられないようなことであるが、それだけ頭の中で熟し、あり余る力をもって書かれたのだということがわかる。

約10年間のフランス滞在後、彼はイギリスに帰国する。そして、欧州大戦が起こると、自らいろいろなことに積極的に関係し、たまたま自分の豪邸が東海岸にあったので、そこの防衛にあたる軍人たちの宿舎に提供した。また戦争後期になると、回復期の負傷者のために使わせたりもした。ベルギーからの避難民の救済委員会会長を務めたり、さまざまな社会貢献もした。

そしてまた、ビーバーブルック卿のもとに入って情報省宣伝局のフランス課長として働いたこともあったが、これは、パリ生まれの売春婦を描いた彼の小説をビーバーブルック卿が読んで、ベネットをフランス人の心理がよくわかる人だと認めて起用したといわれている。しかし、戦争が終わるとただちにこの職は退いている。

その後、ベネットは15年間連れ添ったフランス生まれの夫人と別居し、自分の作品を演じた女優と同棲した。前述したように、彼はそのころになると、小説、雑誌、講演、演劇のいずれの分野でも非常に人気があったので、巨額の収入を得るようになっていた。

そのうえ、質素な生活をするという気はまったくなく、豪華で贅沢な生活を送った。最初の奥さんも、フランスの田舎の出身であったにもかかわらず、のちには贅沢を覚えるようになっていたらしい。

地味な作風を深めていくという道もあったのだろうけれども、ベネットの場合はまったく逆で、生活を派手に派手に、豪華に豪華にしていった。

作品の多くは最高級のホテルの中で書かれ、またヨットで豪遊することもあったり、といった具合であった。そしてこの生活を維持するために、くだらないといわれるものを書いたという批評もある。

しかし、作品の質は決して劣ったわけではない。生活と物質的な面での向上は、作品の質の低下にはまったく関係なく、ただ作品の量に関係があったというのが正しい評価であろう。

ベネットは作品と同時に文学批評も『ニュー・エイジ』に書き始める。これは、書評としては画期的なものだといってもよい。

イギリス人は当時まで外国文学を読むということはあまりなかったのであるが、ベネットはイギリス人に、ドストエフスキーやアントン・チェーホフのロシア文学や、フローベルその他のフランス文学を教えてやったといっても過言ではない。

また、ロンドンで印象派以後の絵画展があった時、保守的な趣味しかないロンドンの各芸術雑誌、芸術関係のマスコミはいずれも、子供の絵のようだといって非難した。しかしベネットの見方は異なり、印象派以後の近代画で見るべきポイントをはっきりと指摘し、その批評は今でも正しかったと認められている。

結局、世間からは俗物、俗物といわれながらも、今から振り返ってみると、最も突端的な文学、絵画に対する的確な評価を示していて、彼の芸術感受性は、一般通念からいう「俗物」という範疇とはまったく関係なかったと言わざるを得ないのである。

ベネットが1909年に書いた『文学趣味』(*Literary Taste*)は、日本でも戦前から英語の教科書などによく使われたものであるが、田中菊雄氏の『英語研究者のために』の付録の「第二のB」として、そこにベネットが挙げられている「英文学研究者の備うべき蔵書」が引用されている。

ここでもベネットはきわめて実践的であって、そのころその本が普及版でいくらで買えるかという値段まで付し、これだけ揃えば「文学趣味」として一応のライブラリーになるという総額を示している。

それは当時のお金で26ポンド14シリング7ペンス（26・77ポンド）という金額であり、そこに挙げられた作家の数は226名、巻数にして337巻といったものであった。

このような具体的な指針が示されているものとして、彼の読書目録は何かにつけて参考にされることが多いのである。

自分の生き方を刺激する貴重なヒント

さて、ここに訳出した『自分の時間』についても、述べてみたいと思う。

本書が1902年から1908年までの間に書かれたものであることはほぼ間違いない。このころ、彼はフランスに滞在中であり、『文学趣味』や『二人の女の物語』を書いて、第一級のイギリス小説家として評価が確定した前後であろう。

彼はこの本で、「人間というものは、貧乏人でも金持ちでも、とにかく1日24時間しかない」という明々白々なことに目を向け、その24時間でいかに生きるかということに対する具体的なヒントを提供している。

そしてこの中でとくにおもしろいと思われるのは、俗物といわれる彼の生活とは相容れないところのエピクテトスやマルクス・アウレリウス皇帝の著作を、愛読書として挙げていることである。さらに彼は、自分が旅行するときは、マルクス・アウレリウスの『自省録』を手から放したことがないとまで言っている。これらはいずれもストイックの哲学である。

　豪奢なホテルで小説を書き、贅沢なヨットを乗りまわし、ロンドン社交界で派手に女優などと同棲している人が、常にストイックの本を手から放さなかったということは皮肉のように見える。

　しかし、これはベネットの書いた著作を見ればわかるように、あれだけの活字を彼は全部手で書いたのであって、その勤勉さを考えるならば、われわれは唖然とせざるを得ないのである。

　とにかくあれほど書いた以上は、しかも字を書く人間の手の早さというものに限りがある以上、それはおそらく彼が孤独の時間はきわめて堅実に、不断に書きつづけ、また、不断に構想を練りつづけたということの証拠であろう。たまたま表われた彼の豪奢な生活の姿は、むしろそれを促進するための条件、あるいは気分発散のための条件だったのではないかとさえ思われる。

　そして本書の中で、彼は教訓的なことを挙げているわけだが、これは父譲りである。

彼の父はただ生きることでさえも大変苦しい陶工の生活をしながら弁護士になった自助独立の人であった。そして子供たちにも、常に自己を啓発するようすすめた。子供たちの自己啓発に役立つなら、本なども含めてさまざまな便宜をはかってくれた。

それがベネットにも伝わっていて、そこにはピューリタン系統の家の伝統が生きている。いかに自己をよりよい人間にするか、自己を啓発するか、自己を向上させるかということに対する熱情と、それはいいことだという信念と、それをわかりやすく伝えるのはいいことだという確信があるのである。

したがって、前に挙げた『文学趣味』も、イギリス人の一般の文学趣味が彼の目から見ると低すぎるから、これを高めるには何を読んだらいいかを、きわめて具体的に廉価版の値段まで付して提供している。『自分の時間』も、どうにか大勢の人に、「何となく歳をとっていくというところから抜けだし、少しでも自分をよりよいものにしてから人生の最後を迎えてほしい」という考え方がうかがわれるのである。

そのほか彼の本には、一連の処世哲学的な著作――ポケット・フィロソフィーズ

(pocket philosophies)と言われたもの——がある。たとえば、1912年に出版された『自分の能力を〝持ち腐れ〟にするな!』(*Mental Efficiency*)(三笠書房)とか、1918年に書いた『自己と自己管理』(*Self And Self-Management*)とか、1923年に書いた『自己を最高に生かす!』(*How To Make The Best Of Life*)(三笠書房)などのいわゆるアメリカの牧師さんが書くようなものがある。

しかし、これを書いたベネットにしてみれば、大真面目だと思われる。書く言葉の調子その他は非常に軽やかだが、嘘を言うとか、いいふりをしようという気はさらさらない。しかも彼の場合は、田舎出の高等教育も受けなかった男が速記ひとつを頼りに飛び出してきて、とにかく文壇的にも世俗的にも成功した人間として、そのコツをみんなに知らせてやろうとする気持ちがよくわかるのであって、そこには何の衒《てら》いもない。

もちろん、そういうことに対して反発を感じる人は当時のイギリスにもいたし、その後もいる。しかしそれは、とくに自らを改善しなくても何の苦労もなくオックスフォードやケンブリッジを出たりして、そしてまた何の苦労もなく評論界とか学界に入れた人たちから見たときに、そういう本を書くことがおぞましいことだと思われたというにすぎないのである。

だが、多くの人たちは『自分の時間』を大いに愛読したし、またそのヒントによって自己の生活の質を高めたと確信する人が無数にいたのであった。

序文にも書いたように、本書『自分の時間』は、彼の本の中でも一番よく売れた本である。確かにそこには、最も多産な、しかも最も質の高いものを書きつづけた作家が、コーヒーなどを飲みながら、気安くそのやり方を語っているといった感じがある。本書を読む人は、そこにすぐにでも自分の生活の生き方の一部を変えるヒント、あるいは勇気、あるいは刺激を受けるのではなかろうかと思われる。

ベネットは兄弟に対してもなかなか思いやりがあるし、厳しい父に対しても、そして賢母型の母に対しても、子供として大変孝行であった。離れていた時はほとんど毎日手紙を書いているし、絵葉書なども1日に数枚書いているというような話もある。あれほどたくさんの小説などを書きながら、家族に対してこれだけ手紙を書けるという人も珍しいと思うが、どうしてそんなに時間があるのだろうか、どうしてそんなにエネルギーがあるのだろうかという秘密もまた、この本に語られているのである。

先のドラブル女史が言っているように、ベネットという人は、彼の日記も手紙も残っているので、その生涯を内から知ることもできるし、作品その他を通じて知ることも可能だ。

そして知れば知るほど、人間としてこれほどいい人は少ないのではないかという印象を深めるのである。

この本は本当に眇《びょう》たる小著書であり、短い時間で充分読み終えられる本だ。あなたの貴重な時間をこの本に割かれても、決して後悔しないだろうと確信している。

この度、新版が出ることになったので、つい数日前、偶然読んだギルバート・ケイス・チェスタトン（1）の著作『*The Thing*』の中にあった、彼のアーノルド評を紹介しておきたい。

「私（チェスタトン）は、アーノルド氏の生き生きとしているところが好きだ。そして、自分に対する軽蔑を、軽蔑しているところも好きだ。私は、彼の人間的なところが好きだし、そして人間的なことなら何に対しても、やさしい好奇心を示すところも好きだ。アーノルド氏には、俗物根性がまったく欠けていたので、俗物どもに対しては、理解を示し同調することができた。そういうところが私は好きだ」——。

チェスタトンにこう言わせた人物の小著のために、ひと晩か二晩捧げても、それは読者に必ず何らかの人生の重要なヒントを与えてくれるだろうと私は信じている。

(1) ギルバート・ケイス・チェスタトン　1874—1936。イギリスの推理作家・随筆家・詩人・批評家。主な作品に、評伝『ロバート・ブラウニング』や、推理小説の「ブラウン神父シリーズ」など。卓抜な逆説で有名。

本書は、小社より刊行した同名の単行本を再編集したものです。

HOW TO LIVE ON 24 HOURS A DAY
by
Arnold Bennett

自分《じぶん》の時間《じかん》

著　者——アーノルド・ベネット

訳・解説者——渡部昇一（わたなべ・しょういち）

発行者——押鐘太陽

発行所——株式会社三笠書房

〒102-0072 東京都千代田区飯田橋3-3-1
電話：(03)5226-5734（営業部）
　　：(03)5226-5731（編集部）
http://www.mikasashobo.co.jp

印　刷——誠宏印刷

製　本——若林製本工場

編集責任者　本田裕子
ISBN978-4-8379-5764-5 C0030